지구에 산 기념으로
책 한 권은 남기자

지구에 산
기념으로
책 한 권은
남기자

윤창영 지음

프로방스

정성을 다해 쓴 책에서는
글이 빛이 난다

글쓰기, 책 쓰기는 절대 어렵지 않다.

책을 내는 것은 영어, 수학 공부보다 쉽다. 책 쓰기는 공인중개사 공부보다 시간이 적게 걸린다. 하지만 그 가치는 공인중개사, 의사, 판사보다 못하지 않다.

글쓰기는 생각을 글로 표현하는 연습을 통해 잘하게 된다. 타고나는 것이 아니라 훈련을 통해 잘 할 수 있다. 두 달이면 책 한 권 분량을 쓸 수 있다.

글쓰기가 어려운가? 아니다. 글 쓸 시간을 만드는 일이 어렵다.

이렇게 쓴 글을 필자의 페이스북에 올린 적이 있다. 그런데

"그래도 글쓰기는 어려워요."

라는 답글이 달렸다. 글쓰기는 어렵다는 편견 벽이 책을 내고 싶어도 글 쓸 마음을 먹지 못하게 하는 주요인이다. 글쓰기가 어렵다는 편견은 말 그대로 편견일 뿐이다. 글쓰기가 어려운 것이 아니라 글 쓸 시간 내기가 어렵다고 해야 정확한 표현이 된다.

글쓰기는 재능이 있어야 잘 쓴다? 그렇다면 영어도 재능이 있어야 잘할까? 그렇다면 미국 사람은 모두 영어에 재능이 있는 것일까? 아니다. 영어를 쓰는 환경에서 자랐기 때문에 잘하는 거다. 글쓰기도 마찬가지로 재능이 있어야 잘하는 것이 아니고, 글 쓰는 환경에 있으면 잘하게 되는 거다. 글쓰기 환경이란 다름이 아니라 자신이 글을 쓰면 만들어진다. 재능이 문제가 아니라 글을 쓰는 자리에 자신을 앉혀놓을 수 있느냐가 문제다. 얼마나 앉아 있느냐 그 시간이 문제다.

이 책은 책을 쓰고 싶어 하는 사람을 위한 실용서이다. 이 책은 책을 쓰는 가치를 모르는 사람에게 그 가치를 알게 해주기 위한 목적으로 쓴다. 주변에는 많은 전문가가 있다. 문화센터 하나만 보더라도 숱하게 많은 강사가 전문가로 활동하고 있다. 그런 전문가들이 책을 낸다면 그의 가치는 책을 내지 않았을 때보다 훨씬 높아진다. 변호사나 의사, 한의사, 회계사 등 숱한 전문가 집단이 있다. 그들이 책을 낸다면 네임 그레이드가 높아질 뿐만 아니라, 그들의 노하우를 일반인이 공유하는 의미도 지닌다. 사회적으로도 큰 의미를 가지게 됨을 말한다. 그런 사실을 그들이 깨닫게 하여 책을 쓰도록 유도하고, 책을 집필하는 데 도움을 주어 책을 내게 하고 싶다. 전문가만이 책을 쓸 수 있는 게 아니다. 일반인도 충분히 책을 낼 수 있다. 살아가는 자체가 책을 낼 소재를 만들어가는 과정이다.

책을 내는 데는 무엇보다 책을 낼 수 있다는 자신감과 출간할 수 있다는 자신에 대한 믿음이 필요하다. 책을 내면 무엇이 좋은지, 왜 책을 써야 하는지를 알게 되는 것이 중요하다. 글쓰기는 그 다음이다. 이 책은 책을 쓰고 싶어 하도록 동기를 부여하고, 책을 쓰기 시작하여 출간까지 하는 방법을 알려주기 위한 목적으로 쓴다.

책 쓰기에 관심을 가지고 알아보니 책 쓰기 강연을 듣는데 강의료가 1천만 원이 넘는 곳도 있을 만큼 돈이 많이 들었다. 그리고 필자가 거주하는 울산에는 책 쓰기를 배울 곳도 없음을 알게 되었다. 그렇기에 책을 쓰고 싶어도 책을 쓸 방법을 알기가 힘들다고 생각했고, 책 쓰기 매뉴얼이 될 만한 책이 필요함을 절실히 느끼게 되었다. 책 쓰기를 하고 싶어도 비싼 비용과 배울 데가 없어 난감해하는 사람에게 이 책은 좋은 안내서가 되리라 믿는다.

지금은 1인 1책 시대이다.

옛날에는 책을 내는 사람이 제한적이었다. 작가나 문인만의 전유물이었다. 하지만 지금은 아니다. 책을 내고 싶은 마음만 있으면 누구나 책을 낼 수 있는 시대가 되었다. 또한 많은 사람이 책을 내고 싶어 한다. 책을 내는 행위는 자신에게나 사회적으로 큰 가치가 있다. 하지만 책을 내고 싶은 사람은 많으나, 글쓰기만 생각하면 머리에 빨간 등이 켜져 생각이 한 발자국도 앞으로 나가지 못한다. 빨간 등을 파란 등으로 바뀌게 하기 위해서는 어떤 과정이 필요할까? 그것은 글쓰기의 필요성과 책을 쓰는 것이 쉽다는 것을 아는 데서 출발한다. 그렇기에 이 책은 '어렵다고 생각하는 정체가 단지 방법을 모르는 것'일 뿐이라는 걸 말하고, 그 방법을 알 수 있게 하도록 적었다. 책을 쓰는데 실제적인 도움이 되도록 적었기에 초보자들도 이 책만 읽으면 책을 쓰는 방법을 아는데 큰 어려움이 없으리라. 한 마디로 이 책은 왕초보자도 책을 쓸 수 있게 하는 안내서이다.

시중에는 많은 글쓰기, 책 쓰기를 다룬 책이 있다. 그런 책을 읽으면, 책 쓰기에 대한 가치를 알게 되고, 책 쓰는데 필요한 동기를 가질 수 있으며, 책 출판에 대한 정보를 얻을 수 있다. 그 책 나름 좋은 가치를 지니지만, 책을 쓰는데 있어 실질적인 도움이 되는, 책 작성에 필요한 구체적인 서술 방법을 다루는 것은 미흡한 부분이 있다고 생각했다. 중요성과 가치만 아는 것으로는 책을 쓰기가 어렵다. '무엇을, 어떻게'를 알아야 책을 쓸 수 있다. 그래서 이 책은 '무엇을 적을 것인가'를 찾는 것에서부터 시작하여 책 쓰기의 생명인 '목차 구성은 어떻게 하는지', '서술은 어떻게 해나가는지' 등 전반에 걸쳐 예를 들어 설명함으로써 초보 작가에게 실질적인 도움이 되게 구성했다. 또한, 책을 출판하는 데에 필요한 것을 생각해 보고 그 모든 것을 다루려 노력했다.

필자는 글을 쓴 지는 40여 년이 되었지만, 책을 출간한지 그리 오래되지 않는다. 그렇기에 처음 책을 쓰려고 하는 사람의 고충을 가장 생생하게 느끼고, 알고 있다. 이 책은 그런 필요에 답이 될 수 있게 적었기에, 이 책을 읽으면 책을 내는데 필요한 정보를 ONE-STOP으로 얻을 수 있다. 이 책을 읽고 책을 내는 사람이 많이 생겼으면 하는 바람이다.

그냥 책의 분량만 채우는 글쓰기는 독자가 외면한다. 정성을 다해 써야 한다. 온 정성을 다해 쓴 책에서는 글이 빛이 난다. 글이 곧 빛이라는 말이다. 필자가 쓴 책 한 권이, 책 쓰기의 깜깜한 바다를 비추는 등대가 되기를 바라는 마음과 같이, 당신이 쓴 책 한 권도 캄캄한 곳을 헤매는 사람에게 빛이 되기를 바란다.

TIP1 책 쓰기 편견 벽 깨기

글을 잘 쓰는 사람만이 책을 쓰는 것이 아니라

지구에 산 기념으로 책 한 권은 남기자

책을 쓰면 글을 잘 쓰게 된다.

성공한 사람만 책을 내는 것이 아니라

책을 내면 성공한다.

시간이 있는 사람만 책을 쓰는 것이 아니라

책을 쓰면 시간이 생긴다.

작가만 책을 쓰는 것이 아니라

책을 쓰면 작가가 된다.

책을 낼 수 없다는 말은

글을 쓸 시간을 낼 수 없다는 말이다.

CONTENTS

지구에 산 기념으로 책 한 권은 남기자

Chapter 02. 글! 이렇게 쓰면 된다

Chapter 03. 지구에 산 기념으로 책 한 권은 남기자

Chapter 06. 책 출간되는 과정과 출간 후

CHAPTER 01

글쓰기를
해야 하는 이유

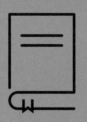

첫 장은 글쓰기에 대한 동기부여를 하기 위해 썼다. 앞에서도 언급했지만, 책을 쓰기 위해서는 충분한 동기부여가 필요하다. 어쩌면 책 쓰기의 반이 동기부여라고 할 수 있다. 그런 동기부여가 충분히 되어야 쓰다가 중단하지 않는다. 이 글을 읽는 사람이 책을 쓰고자 마음먹은 사람이라면, 1장에서 다루는 글을 쓰면 좋은 이유가 수도 없이 많음을 잊지 말자.

살다보면 많은 일을 겪게 된다. 그런 일을 메모하여 두면 책으로 만들 때 훌륭한 자료가 된다. 기록하지 않은 삶은 사라진다. 인생을 살면서 고통을 당하기도 하고 즐거움을 맛보기도 한다. 개인에게 그런 일들이 의미가 있는 것처럼, 타인에게도 그런 일은 공감의 대상이 된다. 살아가면서 겪은 일을 글로 쓰자. 그리고 어느 정도 분량이 되면 책으로 엮어보자.

다음에 소개하는 내용처럼 글을 쓰면, 좋은 일이 많기 때문에 당신은 글을 써야 하고, 쓴 글은 책으로 엮어야 한다.

당장 한 자부터
쓰기 시작하라

"형 정도면 충분히 책을 낼 수 있어요. 책을 내세요. 책을 내는 것과 내지 않는 것은 천지 차이입니다."

3년 전 후배 명근이가 했던 이야기다. 그 말을 듣고도 책을 내겠다고 생각하지 않았다. 필자는 2002년 등단하여 오랫동안 문단 활동을 하며 글을 써 왔고, 논술학원, 자기소개서 학원을 운영했다. 그러한 사실을 잘 알고 있던 후배였기에 필자 정도로 글을 쓰면, 책을 충분히 낼 수 있다고 생각했으리라. 그렇지만 오히려 필자는 책을 내는 것이 너무 멀게만 느껴졌다. 언젠가 책을 내기는 하겠지만 어떻게 내어야 하는지도 몰랐고, 당장 책을 낼 필요성도 느끼지 못했으며, 책을 낼 자신도 없었다. 그

지구에 산 기념으로 책 한 권은 남기자

리고 나름대로 평계를 만들었다.

"그래 언젠가는 책을 낼 거야. 하지만 지금은 아니야."

시를 오랫동안 적어왔기에 시집 몇 권 낼 분량의 적어둔 시는 있었다. 하지만 시집은 출판사에서 출간을 잘 해주지 않음을 알고 있는 터였다. 잘 팔리지 않기 때문이다. 주변의 지인들이 시집을 자비로 출간하여 무료로 나누어 주었다. 그렇게 받은 시집은 잘 읽히지 않았다. 그랬기에 자비 출판은 하고 싶지 않다는 생각을 했다. 또한, 자비 출판에 대해 편견이 있었다. 글쟁이라면 정식으로 출판을 해야지, 자신의 돈을 들여서 하는 출판이 무슨 의미가 있냐는 편견. 또한, 사업에 실패를 거듭하면서 시집을 출간할 여유가 없었고 돈도 없었다. 그래서 나름대로 평계를 만들어 출간을 미루었다.

그러다 보니 글을 쓰기 시작한 지 40년이 되었고, 등단한지도 17년이 되었다. 문단 활동을 했기에 필자 주변에는 책을 낸 작가들이 많았다. 그들은 나만 보면 책을 내라고 권유했다. 그때마다

"그래 언젠가는 책을 낼 거야 하지만 지금은 아니야."

라고 말하며 책 내기를 미루었다. 또한 속으로는

'나는 유명하지도 않은데 어느 출판사가 시집을 출판해줄까? 자비 출판을 하려면 돈이 많이 드는데 나에게는 그만한 돈도 없어. 그렇기에 지금은 책을 낼 때가 아니야. 언젠가 내기는 하겠지만 지금은 아니야.'

라는 생각을 했다. 자비 출판은 아예 고려하지 않았고, 시 이외에 다른 갈래 책 쓰기는 엄두가 나지 않았다. 책을 내고 나니 이제야 책을 낸 것에 대해 후회가 막심했다. 책을 내려면 몇 권이나 낼 수 있었는데, 편견 벽이 출간을 막은 탓이다. 책을 출간하고 난 뒤 자비 출판도 가치가 있음을 깨닫게 되었고, 가치 없다는 생각은 180도로 바뀌었다. 책을 내고 내지 않는 것은 후배 말대로 천지차이였다. 그렇다고 이 글을 쓰는 이유가 자비출판을 권유하기 위함은 아니다. 기획출판이든 자비출판이든 방법 차이일 뿐, 가치 없는 책은 없다는 말을 하고 싶은 거다.

또 하나 책 쓰기를 망설이게 한 요인이, 책은 성공한 사람이 적는 전유물로 여긴 탓이다. 어려움을 극복하고 성공한 사람이 역경을 극복한 과정을 써야 독자들이 읽어준다고 생각했다. 필자의 인생을 돌이켜보면 실패 투성이의 삶을 살아왔다. 한 번도 남들이 성공했다고 인정할만한 삶을 살아보지 못했다. '실패한 사람이 쓴 글을 누가 읽어줄까?' 이런 생각이 책 쓰기를 주저하게 만들었다. 이것도 편견에 불과했다. 책은 성공한 사람이 적기도 하지만, 책을 씀으로 해서 성공하게 됨을 책을 낸 후에야 알게 되었다.

이것을 깨닫는데 또한, 무척 오랜 시간이 걸렸다. 3년 전에 책 쓰기를 권유한 후배가 작년에 또다시 책을 내라고 강권했다. 그 당시 후배가 한 말이다.

"나는 책을 내고 싶어도 글재주가 없어 내지 못하는데, 형은 구슬이 서 말이나 되는데 왜 꿰지 않습니까? 재주만 있으면 뭘 해요, 꿰어야 보배가 되지. 꿰는 일이 책을 내는 일입니다. 빨리 책을 내세요."

후배의 강권에 책을 써보기로 결심하고 책을 쓰기 시작했다. 그리고 얼마 지나지 않아 첫 책이 나왔다. 자비 출판이 아니고 필자가 원했던 기획 출판이었다. 책을 내고 나니 하려고 마음먹고 시도하면 충분히 할 수 있는 일을 필자는 수십 년을 미루었다는 생각이 들었다. 이렇게 쉬운 일을 왜 시도해 보지도 않고 어렵다고만 생각했을까? 후회가 되었다. 그리고 책 쓰기는 누구나 할 수 있는 일이라는 생각이 들었다.

물론 필자는 오랫동안 글을 써왔기에 남들보다 빨리 출간할 수 있었다. 하지만 초보자가 책을 내기란 쉽지 않은 과정을 거쳐야 한다. 하지만 필자가 경험한 바로는 의지만 있으면 누구나 책을 낼 수 있다. 단지 조금 더 시간이 걸릴 뿐.

책을 쓰기 전과 책을 쓴 후에 삶은 완전히 달랐다. 평소에 작가는 배가 고픈 직업이라는 생각을 해서 책 쓰기와 돈을 연결하여 생각하지 않았다. 필자도 한 가정의 가장이기에 자식을 키우고 가정을 이끌어가기 위해 필요한 돈을 벌어야 했다. 그 때문에 돈을 버는 일이 항상 먼저라고 생각했다. 그런데 책을 내어보니 생각이 달라졌다. 책을 낸다고 해서 모든 책이 베스트셀러가 되지 않기에, 책 쓰기만으로는 돈이 되지 않을 수도 있다.

하지만 책을 내고 나니 다른 사람들이 필자를 작가라 불러주었고 무엇보다 원고 청탁이 들어왔다. 그동안 지인 몇 명은 필자가 글을 쓰는 사람인 줄 알고 있었기에, 원고 청탁을 하고 싶어도, 책을 낸 경력이 없으니 원고 청탁을 하지 못했다는 말을 했다. 그리고 관공서에서는 해마다 많은 글쓰기 프로젝트를 운영하는데, 그 프로젝트를 수행할 작가를 선정하는 데에 있어, 책을 낸 작가를 우선하여 선정한다는 사실도 알게 되었다. 베스트셀러가 되어 직접적인 돈이 되지는 않을지라도 강연이라든지, 글쓰기 프로젝트를 수행한다든지 돈이 되는 길은 무척 다양하게 있음을 알게 되었다. 우리는 흔히

"작가는 배고픈 직업이다."

라는 말을 많이 한다. 어찌 보면 그 말이 옳지만, 하기에 따라서는

작가도 돈을 많이 벌 수 있는 직업이라는 생각이 들었다. 한 번 책을 출간하게 되자, 책 쓰기에 자신감이 붙어, 1년에 여섯 권 분량의 책을 썼다. 탄력이 붙으니 책을 쓰고 싶어 견디지 못하게 되었다. 작가라는 타이틀은 상당히 괜찮은 것이라고 느끼게 되었고, 주변에 책 내기를 원하는 많은 사람이 있음도 알게 되었다. 책을 냄으로써 정말 알게 된 것이 많았다.

필자보다 먼저 책 쓰기 중요성을 깨달았지만, 책 내는 방법을 모르는 사람이 숱하게 많으며, 글쓰기가 되지 않아 책을 내고 싶어도 내지 못하는 사람도 많음을 알게 되었다. 그래서 필자는 책 쓰기 컨설턴트가 되기로 했다. 책을 내고 싶어도 '무엇을, 어떻게'를 몰라 하지 못하는 사람을 위해 길을 열어주는 일을 하고 싶다고 생각했다.

그 일을 하기 위해서는 필자 스스로 확고한 매뉴얼이 필요했다. 그래서 책 쓰기 관련 책을 쓰기로 마음먹었고 지금 이 책을 쓰고 있다. 책 쓰기에 관련된 몇 개의 꼭지를 써서 인터넷 브런치에 올렸다. 그러자 바로 경북 문화진흥 콘텐츠 산하 단체에서 책 쓰기 강연을 해달라는 요청을 해왔다. 하지만 아직 준비가 되지 않아서 거절했다. 무조건 부딪혀보는 것이 평소의 생활 방식이었지만, 준비되지 않은 상태에서 시작하는 것은 강의하는 사람이나, 듣는 사람 모두에게 유익하지 않다고 판단했다. 이 책을 완성하게 된다면 책 쓰기에 대한 이론을 나름 정립하는 것이 되며, 그때는 필히 책 쓰기 강의를 시작할 것이다.

이 글을 읽는 독자에게 말하고 싶다. 책 쓰기에 도전해보라고. 언젠가는 내겠다고 말하지 말고 지금 내겠다고 결심하라. 우물쭈물하다가는 필자처럼 40년이 걸린다.

"먼저 한자라도 쓰기 시작해보라."

TIP2 먼저 한 자라도 쓰기 시작하라

이제 필자가 받은 권유를 당신에게 던진다.

지금 당장 한 자부터 쓰기 시작하라.

그러면 당신은 나처럼 대답하겠는가?

글도 못 쓰는 제가 어떻게 책을 냅니까?

책 내는 것은 돈이 많이 들지 않나요?

성공도 못했는데 무슨 책을 내나요?

책을 내기에는 경험이 부족해요.

책 쓸 시간이 없어요.

언젠가는 내겠지만 지금은 아니에요.

책도 읽지 않는 제가 무슨 책을 써요.

제가 쓴 글을 누가 읽어주겠어요.

책 쓰기는 예순 살 이후에나 생각해 보겠어요.

책은 작가나 쓰지, 제가 어떻게 써요.

책을 낼 수 없는 핑계는 이 이외에도 백 가지가 넘는다.

그럼에도 불구하고 당신은 책을 쓸 수 있다고 자신 있게 말할 수 있다.

다시 한번 말한다.

"지금, 당장 한 자부터 쓰기 시작해 보라."

글 쓰고
책을 내는 일은
쉽다

필자가 아무리 해도 안 되는 것이 두 가지가 있었다. 하나는 영어이고 하나는 수학이다. 고등학교 시절 아무리 해도 안 되어서 영어와 수학을 포기했다. 당시 학력고사를 봤는데, 성적이 형편없었던 것은 두말할 필요가 없다. 국문학과에 간 이유 중의 하나가 영어와 수학을 안 해도 된다는 이유도 큰 몫을 차지했다. 그런데 군대에 갔다 와서 복학을 하였고 4학년이 되자 취업을 해야 되는 상황에 부닥쳤다. 우리나라 웬만한 이름 있는 회사는 영어 시험을 봤다. 그랬기에 하기 싫은 영어공부를 안 할 수 없었다.

도서관에 틀어박혀 밑도 끝도 없이 버케뷰러리 속의 단어를 외웠다. 정말 열심히 영어 공부를 했다. 도서관에서 새벽 6시부터 밤 10시까지

26
—

영어를 공부했다. 그런데 외국인을 만나면 말 한마디 못했고, 지금도 마찬가지다. 왜 그럴까? 노력하면 안 되는 일이 없다고 했는데, 머리가 나빠서 노력해도 안 된 것일까?

그 원인은 여러 가지가 있으리라. 차라리 그 당시 영어권 나라에 나가 1, 2년 생활했다면 간단한 말이라도 알아듣고 할 수 있게 되지 않았을까? 그런데 죽으라고 문법만 공부하고 단어만 외웠다. 필자만 그런 것이 아니라 필자 또래의 많은 사람이 그런 길을 걸었다. 영어가 중요한지 모르는 사람은 없다. 하지만 아무리 해도 되지 않는 것이 영어였다. 단어만 외운다고 문법만 공부한다고 해서 영어를 잘할 수 있는 것이 아니었다.

다른 일을 그렇게 했더라면 아마도 무엇을 이루어도 이루었으리라. 그만큼 많은 시간을 투자했더라면, 청춘의 끓는 피를 그렇게 쏟아 부었으면 무엇이라도 이루지 않았을까? 영어 대신에 책을 쓰는 일에 시간을 투자했더라면, 아마도 필자의 인생이 상당부분 달라졌으리라. 책은 영어처럼 그렇게 무식하게 하지 않아도 낼 수가 있다. 필자가 영어 공부를 그렇게 해도 되지 않았던 이유는 방법에 문제가 있었다. 즉 영어 공부하는 방법을 몰랐기 때문에 그렇게 한 우물을 파도 물이 나오지 않았다. 그것은 영어를 하는데 재능이 있고 없고의 문제가 아니었다. 미국 사람들은 영어 하는데 재능이 있어 잘하는가?

언젠가 공인중개사 공부를 하려고 시도를 해 본 적이 있다. 그런데 법, 법, 법에 질려버렸다. 한 번 떨어지면 또 1년을 기다려야 한다고 했다. 책 쓰기는 공인중개사 공부보다 더 시간이 적게 걸리고, 1년을 기다려야 한다든지 하는 시간적인 제약이 없다.

이 책은 책을 쓰는 방법을 안내하는 책이다. 방법을 모르고 죽으라고 글을 쓰는 것은 필자가 영어 공부를 죽으라고 한 것과 다를 바 없다. 책을 쓰는 일은 재능이 필요한 일이 아니다. 영어에 재능이 필요하지 않는 것과 같은 이치다. 또한, 영어를 공부하기보다 훨씬 쉽다. 영어를 공부하는데 투자하는 시간보다 훨씬 적게 걸린다. 이제 필자에게 영어를 잘하는 것과 책을 내는 것 두 가지 중에 하나를 선택하라고 한다면, 필자는 당연히 책 쓰기를 선택한다.

그런데 사람들에게 책을 쓰라고 하면 글쓰기가 어렵다고 아예 할 엄두조차 내지 않는다. 필자가 공인중개사 시험공부를 하려다 법에 질린 표정과 유사한 표정을 짓는다. 한 걸음 더 나아가 책 쓰기는 글쓰기보다 더 어려운 과정인데, 어떻게 하느냐고 되묻는다. 그런 사람에게 글쓰기, 책 쓰기는 생각보다 어려운 것이 아니며, 단지 방법을 모를 뿐이라는 답변을 하고 싶다. 필자가 영어 공부하는 방법을 몰랐기에 시간만 허비한 채로 영어를 포기한 것처럼, 방법을 모르면 어려울 수밖에 없다. 아마도 영어 공부하는 방법을 알았더라면 필자는 지금쯤 외국인과 간단한 회화 정도는 할 수 있으리라. 이 책은 방법을 모르는 사람에게 쉽게 글쓰기, 책 쓰기에 다가갈 수 있도록 안내를 한다.

글쓰기는 쉽다. 영어로 글을 쓰라는 것도 아닌데 무엇이 어려운가? 한 문장만 쓸 수 있다면 글쓰기는 누구나 할 수 있다. 그 한 문장이 모여 한 단락이 되고, 단락이 모여 한 꼭지가 되고, 그 꼭지가 모여 책이 되기 때문이다. 눈사람을 만들 때 손 안에 들어올 정도로 작은 눈을 뭉친다. 그 다음에 눈을 굴리면 눈이 커지고 결국 눈사람을 만들 수 있게 된다. 글쓰기에서 한 문장은 손 안에 들어올 정도의 작은 눈뭉치와 같다. 그 다음 굴리면 된다. 어떻게 굴릴까? 그냥 굴리면 된다. 글을 어떻게 쓸까? 그냥 쓰면 된다. 눈을 굴리는 것만큼이나 글쓰기는 쉽다. 눈을 굴리는 법 이 정해져 있지 않다. 굴리다 보면 모난 부분이 생기기도 한다. 그때 동 그랗게 만들기 위해 눈을 깎기도 하고 덧대기도 한다. 그렇게 하면서 눈 을 굴리다 보면 어느새 동그랗게 커진 몸통을 만들게 되고 머리를 만들 게 되어 눈사람이 된다.

글도 마찬가지다. 쓰다 보면 글을 쓰는 방법을 터득하게 된다. 문장 이 굴러 단락이 되고, 단락이 굴러 한 편의 글이 된다. 눈사람처럼 동그 랗게 되지 않는 부분이 보인다면 다듬으면 된다. 영어 공부하는 것보 다 수학 공부하기보다 훨씬 쉽다. 우리나라 말을 할 수 있으면 누구나 쓸 수 있다. 단지 쓰지 않았기 때문에 하지 못할 뿐이다. 공인중개사, 의사, 판사 되기보다 더 쉬운 것이 책을 내는 일이다. 하지만 그 가치는 공인중개사, 의사, 판사 못지않다. 책을 내는 것은 전문가로서 인정을 받는 일이기 때문이다.

책을 쓰는 일은 또한 재미있는 일이다. 맛을 들여놓으면 중독이 된다. 이것은 선한 중독이다. 판사 일이, 의사 일이 책 쓰는 일만큼 재미가 있을까? 보람은 있을지라도 그렇게 재미있지는 않은 일이리라. 하지만 책 쓰는 일은 보람뿐만 아니라 재미도 있다. 자신이 쓴 책을 읽은 독자에게서 감동을 받았다는 말을 들었을 때, 자신이 쓴 책을 읽었을 때 많은 도움이 되었다는 말을 들었을 때, 얼마나 큰 기쁨이 몰려오는지 겪어본 사람만이 알 수 있다. 책 쓰기는 일이 아니라 놀이다. 재미있는 놀이다. 그렇기에 놀이처럼 쓰면 된다.

"글쓰기는 어렵다!"

이것은 문제의 본질을 잘못 짚은 말이다. 본질을 정확하게 파악해야 맞는 답을 찾을 수 있다. 글쓰기가 어렵다는 말은

"글을 쓰는 것이 어렵다는 것이 아니고, 머리에 있는 생각을 꺼내어

손을 통해 글로 표현하기가 어렵다."

고 해야 맞는 답이 된다. 우리나라 사람 대부분은 글을 쓸 줄 안다. 즉 글쓰기를 할 수 있다. 단지 머리에 든 생각을 손가락까지 옮기는 것을 어려워할 뿐이다. 그렇다면 그것만 할 수 있으면 되지 않을까? 입은 머리에 달려있기 때문에 손보다는 거리가 짧다. 또한, 글은 생각을 글자로 변환하는 과정이 필요하다. 그래서 익숙해질 때까지 연습이 필요하다.

말로 표현하는 것은 태어나면서부터 부모와 주변 사람으로부터 자연스럽게 훈련을 받는다. 그래서 익숙하며 자연스럽다. 하지만 글로 표현하는 것은 말처럼 자연스럽게 되지 않는다. 그 이유는 그런 환경에 노출되지 않았기 때문이다. 그렇다면 어떻게 하면 될까? 답은 명확하다. 글로 표현하는 환경에 자신을 노출하면 된다. 그렇기 위한 방법은 딱 하나, 글로 표현하는 것을 습관화해야 한다. 하루에 한 시간이라도 글로 표현하는 환경에 자신을 있게 만들어야 한다. 그러면 글로 표현하는 습관이 길러진다. 글을 쓰지 못하는 것이 아니라, 글로 표현하는 연습이 되어 있지 않을 뿐이다. 말로 표현하는 것은 일상생활에 매일 반복되는 행위이다. 글로 표현하는 것도 그런 반복행위가 필요하다. 한 시간만 내면 된다. 그 한 시간이 말로 표현하는 23시간에 버금가는 가치가 있다.

글을 쓴다는 것은 생각을 글로 표현하는 행위이다. 처음에는 한 시간에 A4용지 절반 정도만 써도 잘 쓰는 축에 속한다. 하지만 매일 반복하다 보면 어느 순간 한 시간에 한 장을 쓰게 되고, 계속 쓰다 보면 두 장 정도 분량의 글이 나온다. 처음 쓰는 사람에게는 시간 대비 분량이 의미가 있다. 한 시간에 두 장 정도 분량을 쓸 수 있다면, 글쓰기는 어렵다는 말을 더는 하지 못할 것이다. 하루에 2장씩 글을 쓴다면, 책 한 권 분량이 100장이라 가정할 때, 책 한 권 쓰는데 두 달이 채 걸리지 않는다는 계산이 나온다. 그렇게 어려운 일이 아니다. 필자는 한 달이 걸리지 않은 기간에 책을 쓴 적도 여러 번이다. 빨리 쓴다고 가치가 떨어지지 않는다. 왜냐하면 시간이 오래 걸린다고 꼭 좋은 글이 되지 않는 까닭이다.

이쯤에서 비교를 해보자. 영어나, 수학, 의사, 판사, 공인중개사 공부를 하는 시간에 비해 글쓰기는 더 많은 시간이 필요한가? 아니다. 엄청 적은 노력만으로도 가능하다. 글쓰기가 어려운가? 어렵지 않다. 단지 글을 쓸 시간을 만들어 내기가 어려울 뿐이다.

TIP3 글을 잘 쓰려면, 글 쓸 시간을 내자

글쓰기가 어려운가?

어렵지 않다. 단지 글 쓸 시간을 내기가 어렵다.

지구에 산 기념으로 책 한 권은 남기자

책을 쓰겠다고 결심하고 시간을 내면

초보자라도 책 한 권 쓰는데, 두 달이면 족하다.

생각을 시각화하여
문제를 보게 하는 글쓰기

글을 쓰면 과거의 삶을 되돌아볼 수 있다. 그러면 어떻게 사는 것이 좋은 삶인지, 나에게 맞는 삶은 어떤 것인지 알 수 있게 된다. 사람이 살다 보면 성공할 때와 그렇지 못할 때가 있기 마련이다. 생각만으로는 그것을 정확하게 분석할 수가 없다. 글을 씀으로써 시각화하여 놓고 본다면 좋은 일은 왜 그렇게 되었는지, 나쁜 일은 왜 그렇게밖에 될 수 없었는지를 정리할 수 있다. 시각화된 것을 보면서 하나하나 세부적인 일을 깊이 생각해본다면 그렇게 된 원인을 알 수 있게 된다. 성공하지 못했다면 그 원인이 무엇이며, 그때 이렇게 했더라면 더 좋았을 것을 하는 생각이 떠오른다. 즉 과거의 실패한 경험을 통해 자신만의 교훈을 배우게 됨을 의미한다.

역사는 수레바퀴처럼 돈다는 말이 있다. 개인사도 마찬가지다. 살다 보면 똑같지는 않을지라도 비슷한 상황을 다시 겪게 되는 경우가 생긴다. 그런 때, 글쓰기를 하며 배운 교훈은 삶을 더욱더 잘 살 수 있게 한다. 글을 쓰면서 정리된 삶과 그렇지 못한 삶에는 결과에서 차이가 생길 수밖에 없다. 살다가 누구나 실수할 수가 있고 잘못된 판단으로 일을 그르치는 경우가 생긴다. 하지만 그런 실수를 반복한다면 그것은 미련한 일이다.

또한, 과거에 성공한 사례가 있고 성공한 요인을 글로 써 정리해 두었다면, 같은 상황에 부닥쳤을 때 보다 더 좋은 결과를 끌어낼 수 있다. 그런 것들이 일상화되고 쌓이게 된다면 훨씬 더 좋은 삶을 살 수 있게 되며, 글을 통해 다른 사람에게도 교훈을 줄 수 있게 된다. 단지 글을 쓸 뿐인데 보다 알찬 인생을 살 수 있다면, 안 하는 것보다 하는 것이 더 지혜롭지 않은가? 적자생존이란 말이 있다. 강한 자가 살아남는다는 의미이기도 하지만, 요즈음은 적는 사람이 생존한다는 의미로 글쓰기 중요성을 강조할 때 쓰는 말이기도 하다.

'2015년은 인생 최악의 시기였다'라고 필자 뇌리에 박혀 있다. 하지만 다르게 생각한다면, 최상의 상황을 향한 출발을 한 시기라고 표현할 수 있다. 최악이 어떻게 최상으로 향한 시작이 될 수 있는가? 그것은 글을 썼기에 가능했다. 2015년은 사업에 실패하고 알코올 중독의 극단까지 간 상태였다. 물론 그 상태가 되기까지는 악화일로에 있던 삶이 바닥까지 떨어진 결과라고 하겠지만, 그것이 최악의 상황으로 끝나지 않고 새로운 시작의 출발점이 될 수 있게 해준 것이 글쓰기였다.

필자는 어릴 때부터 글을 썼고, 다시 일어서리라 마음먹고 속칭 노가다라고 하는 막노동을 하면서도 피곤한 몸을 이끌고 카페로 가서 글을 썼다. 글쓰기는 나를 다시 세우는 힘이 되었다. 최악의 상황에서 선택한 것이 글을 다시 쓰는 것이었다. 왜냐면 어릴 때부터 글을 썼기에 글쓰기의 힘을 알고 있었기 때문이다. 최악의 수렁에서 건져 올려 작가의 삶을 살 수 있게 한 글쓰기. 만약 글을 읽고 있는 독자가 그런 상황이라면 글쓰기를 해보기를 적극 권한다. 최상의 상황이라면 글쓰기는 더 좋은 상황으로 이끌어 주리라. 글쓰기를 하면 어떤 상황이든지 현재보다는 더 좋은 방향으로 나아간다는 것을 필자는 경험으로 익혔기 때문에 자신 있게 말할 수 있다. 가치 있는 인생을 살 수 있게 하는 것은 눈앞의 이익이 아니라 앞으로 나아가는 방향이다.

글을 쓰면서 인생을 돌아보니 문제점이 보이기 시작했다. 이제껏 막연하게만 생각했던 요인을 활자화하여 눈으로 보니, 그러한 상황에 처하게 된 구체적인 원인이 무엇인지 눈으로 볼 수 있게 되었다. 술을 좋아했다. 하지만 술이 인생을 엉망으로 만들었다고는 추호도 생각하지 않았다. 단지 남들이 다 마시는 술을 좀 더 좋아할 뿐이라고 생각했고,

알코올 중독이라고는 생각하지 않았다. 필자가 생각한 알코올 중독자는 사회생활이 불가능한 상태에서 아침, 저녁 불문하고 술만 마시는 사람이었다. 또한, 술은 스트레스 해소하기에는 그만이라는 생각을 하였고, 술은 남자들이 사회생활을 하는데 대인 관계를 부드럽게 하는데 필요한 조미료라고 생각했다.

하지만 아니었다. 글을 쓰면서 상황을 악화시킨 주된 요인이 술임을 알게 되었다. 또한, 나처럼 술을 마시는 것은 병이라는 것도 알게 되었다. 병원에 가서 상담하니 의사가 알코올 중독이라는 처방을 내렸다. 필자는 환자였다. 알코올 중독만이 아니라 술로 인해 혈압이 220까지 올라가는 고혈압 환자이기도 했다. 계속 술을 마시다가는 술로 인해 죽을 수도 있었다. 스트레스 해소라는 핑계로 마신 술이 모든 상황을 악화시켰고, 그런 상황이 지속하다 보니 최악의 상황에 처하게 되었다.

그 상황을 극복하기 위해 글을 썼다. 그 이전에는 일을 마치면 술집으로 가서 술을 마셨지만, 술을 끊은 후에는 카페로 가서 글을 썼다. 글을 쓰다 보니 상황을 악화시킨 원인이 술이라는 것을 눈으로 확인할 수 있었다. 문제가 무엇인지 알게 되니 해결책도 나왔다. 당연 금주였다. 그때 술을 끊으면서 쓴 '탈주기'가 저서 〈글 쓰는 시간〉에 소개되어 있다. 글을 쓰는 것이 최악의 상황을 최상의 상황으로 바뀌게 한 출발점을 만들어 주었다. 글을 씀으로써 지나간 상황을 정리할 수 있었고, 정리가 되므로 정신이 치유되는 느낌이 들었다.

이렇게 글쓰기는 상황을 호전하게 만드는 힘이 있다. 글을 씀으로써 머릿속에 든 생각들이 시각화되었고, 그것을 눈으로 보고 읽으며 정리가 된 덕분에 필자의 인생이 반전할 수 있었다.

＼TIP4 최악을 최상으로 바꾸는 글쓰기 힘

인생은 방향이 문제다.

글쓰기는 최악의 방향을 바꾸어

최상의 방향으로 가게 하는 힘이 있다.

글쓰기를 통해 자신이 처한 상황을

시각화하고 분석하고 정리하면

문제가 무엇인지 볼 수 있다.

문제를 알면 답이 보인다.

그 문제 출제자는 자신이기에

자신만이 그 답을 알 수 있다.

필자는 알코올 중독 극복을 소재로 글을 썼다.

고난을 극복한 소재는 아주 좋은 글감이 되었다.

글쓰기에는 정신과 몸을
치유하는 기능이 있다

┃　　　　　책 쓰기 책을 집필하기 위해 참고가 될 만한 책을 많이 읽었다. 그런데 그 책 중에 '글쓰기 치유 기능'에 대해 서술된 책이 여러 권 있었다. 그런 치유기능에 필자도 100% 동의한다.

심리상태가 불안정하거나, 극도로 스트레스를 받은 사람은 누군가에게 하소연하는 것만으로도 어느 정도 치유가 가능하다. 필자의 경우 예전에는 스트레스를 받으면 마음 맞는 친구를 불러내어 함께 술을 마시며 이야기를 나누었다. 그러다 보면, 어느 정도 스트레스가 해소되었다. 이처럼 누군가에게 이야기하는 것만으로도 치유가 되는 것처럼, 글을 써도 말로 하는 것 이상으로 치유 효과가 있다. 글을 쓰는 것도 백지에 자신의 심정을 하소연하는 것이 되기에, 쓰는 그 자체만으로 치유가 된다. 오히려 말보다는 글로 쓰는 것이 더 효과적이다. 말은 내뱉는 순간 없어지지만. 글로 써 기록으로 남겨두면 읽을 때마다 치유가 되기 때문이다.

아내는 말을 참 많이 한다. 필자뿐만 아니라 언니에게, 조카에게, 그리고 친구에게, 교회 셀 식구에게, 이야기하는 대상도, 주제도 다양하다. 이것은 아내만 그런 것이 아니라 여자의 특성인 것 같다는 생각을 한다. 아내는 상대방에게 말을 함으로써 스트레스를 해소하고 스스로 치유하는 것 같았다. 전화로 30분 넘게 이야기하고도

"자세한 이야기는 만나서 해요."

라고 말한다. 또한 남자는 잘 하지 않는 말이지만 여자들은 곧 잘 하는 말이 있다.

"카페에서 만나 우리 수다 떨어요."

이런 점을 생각하면 누군가에게 말을 하는 것 자체가 즐거움이고 치유가 되는 것 같다. 말만 해도 이런데, 심도 있게 글로 써본다면 어떨까? 답변은 뻔하다. 수다만 떨 것이 아니라 그 내용을 글로 써보자. 수다를 떨

때, 그 내용을 녹음해둔다면 훌륭한 글의 소재가 될 수 있다.

또, 스트레스는 쌓이면 병이 된다. 스트레스를 푼다는 명목으로 술을 마시지만, 술이란 것은 순간의 스트레스 해소는 시켜줄 수 있겠지만, 더 큰 역효과를 가져오기도 한다. 과음으로 몸을 상하게 하거나 다음 날 일에 영향을 주기도 하고, 음주 운전이나, 과다한 지출을 일으켜 상황이 악화되기도 한다. 한국 남자들은 술을 많이 마시기로 세계에 소문이 나 있다.

"술 권하는 사회"라는 말이 생길 정도로 술 문화는 널리 퍼져있다. 술은 득보다는 실이 더 많음은 두말할 필요가 없다. 이제부터라도 술 문화를 글 쓰는 문화로 바꾸어보면 어떨까? 글을 쓰면 술이 주는 스트레스 해소 효과보다 몇 배 더 큰 효과가 있으며, 자신의 경험을 다른 사람과도 나누어 갖게 함으로, 보다 나은 사회를 만들어 준다. 술을 마시며 나누는 대화는 특정인에 국한되지만, 책을 써서 나누는 대화는 불특정 다수이며 훨씬 더 많은 이야기를 나눌 수 있다.

앞서 2015년 최악의 상황에서 벗어날 수 있게 한 것은 글쓰기임을 언급했다. 글을 씀으로써 생각의 막힌 혈관이 뚫어지는 경험을 하였다. 글을 쓰는 행위 자체가 나에겐 치유였다. 생각의 혈관을 뚫어 생각이 잘 흐르게 되자, 사고하는 힘이 길러졌다. 또한, 술을 끊는 데도 많은 도움이 되었다. 생각의 혈관만이 아니라 육체의 혈관도 뚫어주었다. 220까지 올라갔던 혈압이 술을 끊자 정상으로 돌아왔다. 술을 마실 때는 혈압 약을 먹어도 170 아래로는 떨어지지 않았다. 혈압 약은 한번 먹기 시작하면 평생 먹어야 한다고 들었는데, 술을 끊은 지 3년이 된 지금은 약을 먹지 않아도 정상이다. 물론 의학의 문외한인 필자가 모르는 다른 요인이 있을지도 모르겠지만, 글을 씀으로써 생활이 안정되다 보니 보이지 않는 병도 회복이 된 것이라고 믿고 있다. 글을 씀으로써 정신만이 아니라 육체도 치유되는 것을 경험하였다.

또한, 현대사회는 복잡하게 얽혀있고, 그에 따른 사회 병리적 현상이 많이 일어난다. 그러다 보니 정신질환을 앓는 사람도 많다. 한 사람이 우울증에 걸리면 그 가족 모두는 힘들어진다. 그럴 때 글을 쓰면 그런 힘듦을 극복할 힘이 생긴다. 우울증에 걸린 사람이 글을 쓰면 스스로 회복하여 살아갈 힘을 찾게 되고, 그 가족 구성원이 글을 쓰면 우울증으로 인해 힘들어하는 가족이나, 다른 가족에게도 그 힘든 상황을 극복할 수 있게 하는 용기를 주게 된다. 왜냐하면 글쓰기는 치유 기능이 있기 때문이다.

돌이켜보면 그때는 느끼지 못했지만, 필자의 알코올 중독 시기도 우울증에 걸린 시기가 아닌가 하고 추측한다. 사업에 실패하고 앞날이 막막했기 때문에 매사에 의욕이 없이 자포자기 상태가 연속되었기 때문이다. 그래서 매일 우울했고 매일 술을 마셨다. 필자가 글쓰기로써 그런 우울증 시기를 극복한 것이 우연이 아님을 느낀다. 글쓰기의 치유 기능이 필자를 다시 일어서게 했기 때문이다. 그리고 필자 주변에 있는 한 작가도 우울증을 글쓰기로 극복했고, 많은 책을 출간하기도 했다.

TIP5 글쓰기의 가치

글쓰기는 치유 기능이 있다.
자신뿐만 아니라 남을 치유하기도 한다.
어떤 힘든 상황에 부닥친 독자가
책을 읽고 답을 찾았다면, 힘든 상황에서 겪었을
정신적인 고통을 치유한 것이 된다.

필자의 '알코올 중독 극복기'를 읽고
술을 끊겠다고 결심했다는 사람이 여럿 있었다.
단 한 사람만이라도 인생이 바뀐다면
그것보다 더 가치 있는 일이 무엇인가?

글쓰기와 생활은
분리할 수 없다

살아가면서 글을 써야 할 상황에 많이 부닥친다. 요즈음 아이들은 초등학교 들어가기 전부터 글자를 배운다. 초, 중 고등학교에서도 글쓰기 중요성을 귀에 못이 박히도록 듣는다. 또한 예전에는 사지선다형이나 단답형을 요구하는 시험문제가 많았지만, 요즈음은 서술형 답을 요구하는 문제가 늘고 있다. 보통 학부모는 아이 성적에 민감하다. 아이가 아무리 다양한 지식을 가졌다 할지라도 글쓰기가 되지 않으면, 서술형 문제의 답을 쓸 수가 없다. 다시 말하면 글을 잘 쓰면 성적이 향상될 수 있다는 말이다.

또한, 대학 입시에는 논술 특례 전형이 있다. 논술도 어차피 글쓰기가 선행되어야 한다. 과거 논술 시험은 서론, 본론, 결론 형태로 된 완성된 논술문을 요구하였다. 하지만 요즈음은 그것보다는 짧은 형태의 답안을 요구한다. 문제에 대한 자신의 주장을 쓰고 그런 주장을 한 근거를 뒷받침하는 형태이다. 어느 것이나 쉽지가 않다. 글쓰기가 되지 않으면 우선 문제가 무엇인지조차도 파악하기 어렵다. 설령 안다고 해도 논술 형태의 완전한 문장으로 표현하기도 어렵다. 또한, 문예창작학과의 경우 전국 글쓰기 대회 입상 경력은 입시 시험에서 가점이 되기도 한다.

대학입학 시험 형태 중 하나인 학생부 종합 전형에는 자기소개서가 필요하다. 많은 학생이 자기소개서 쓰기를 어려워하며, 이것 때문에 가고자 하는 대학에 갈 다른 요건은 갖추었으면서도 포기하는 경우도 있다. 대학교 가서도 리포트, 학위 논문 등을 쓸 때도 글을 잘 쓰면 아주 유리하다. 학창시절뿐만 아니라 사회생활 할 때도 글쓰기는 필요하다. 회사 생활할 때 공문을 쓴다든지, 기획서를 작성한다든지, 할 때 글을 잘 쓰면 유능한 인재로 인정받는다. 사업을 할 때도 사업계획서를 써야 한다. 또한, 어느 조직을 불문하고 리더는 글쓰기 능력을 갖추는 것이 필수가 되고 있다. 글쓰기는 일상생활의 한 부분이며, 글쓰기를 못 하면 많은 부분에서 불이익을 당할 수 있다.

글쓰기가 어렵다는 말을 많이 듣는다. 당연히 어렵다. 자전거 타는 방법을 모르고 자전거에 올라타는 것과 같다. 조금도 못 가서 넘어진다.

자전거를 잘 타려면 연습을 하면 된다. 글쓰기도 마찬가지다. 글 쓰는 것은 어려운 것이라는 고정관념에 사로잡혀 아예 글을 쓰려 하지 않는다. 자전거 타기를 한번 배워두면 그 다음부터는 아주 쉽게 자전거를 탄다. 운전도 마찬가지이고 매사가 그렇다. 글쓰기도 마찬가지이다.

하지만 우리나라 글쓰기 교육은 많은 문제를 가지고 있다. 글쓰기는 중요하다는 말을 그렇게 많이 하고 있고, 학부모도 모두 그것을 잘 알고 있다. 그런데도 글쓰기를 어려워한다는 것은 글쓰기 교육에 문제가 있다고 봐야 한다. 학교 교과목에는 글쓰기 과목이 없다. 한 마디로 학생과 부모가 알아서 하라는 말이다. 독서의 중요성도 쉴 없이 이야기한다. 하지만 독서 과목도 없다. 이것도 알아서 하라는 말이다. 중요하다고 침이 마르게 강조하고는 교과목에는 넣지도 않고 각자가 알아서 하라고 한다. 이것은 앞, 뒤가 맞지 않다. 사실 글 쓰는 처지에서 볼 때, 학교 선생님도 글을 잘 쓴다고 믿기 어렵다. 왜냐하면 그 선생님도 학생 시절 교과 과목에 글쓰기 과목이 없어 교육을 제대로 받지 못했기 때문이다.

국어 과목이 있지 않으냐고 반문할 수 있다. 하지만 국어 과목에서 글쓰기를 심도 있게 다루지 않는다. 왜냐하면 교육이 시험에 초점이 맞추어져 있기 때문이고 글쓰기는 시험 점수에는 크게 도움이 되지 않기 때문이다. 필자는 국어국문학 전공을 했다. 통상적으로 일반인은 국문학과에서는 글쓰기를 배우는 것으로 알고 있다. 하지만 아니다. 국문학과

지구에 산 기념으로 책 한 권은 남기자

는 언어학, 고전문학, 현대문학으로 나누어져 공부하는 학과이며, 글쓰기를 배우는 곳이 아니다.

그런데 이렇게 일상생활과 밀접한 관계가 있는 글쓰기 교육은 하지 않지만 수학은 어떤가? 미분, 적분 등 일상생활에서는 거의 사용하지 않는 공부가 아이의 인생을 좌우할 만큼 중요시된다. 필자의 경우에도 고등학교 시절 수학 포기자였다. 도저히 미분, 적분 등의 분야를 이해할 수 없었다. 그런데 그것이 입시에서 대학 당락을 좌우할 만큼 중요했다. 한 세대가 지난 지금도 수학의 중요성은 과거 못지않다. 무언가 맞지 않는 것이 아닌가? 독서와 글쓰기는 일상생활에 널리 쓰이고 있으면서도 학과목에조차 끼이지 못하는 현실이지만, 일상생활에는 필요성이 낮은 미분과 적분은 매우 중요시되고 있다. 교육을 받는 목적은 살아가는데 필요한 것을 배우는 것인데, 그렇지 못한 현실은 바뀌어야 하지 않을까? 그래서 수학의 비중은 낮추고 그것을 대체하여 독서와 글쓰기 과목을 넣어 교육하자고 말하고 싶은 거다. 미분, 적분 등은 이과를 지원하는 필요한 학생만 배우면 된다.

글쓰기는 단시간에 되는 것이 아니다. 어릴 때부터 꾸준히 하여야 가능하다. 하지만 연습하고 훈련을 하면 어른이라도 일상생활에 전혀 문제가 없을 정도로 쓸 수 있으며, 책도 낼 수 있다. 문제는 글쓰기는 어렵다는 선입관이다. 그 선입관이 글쓰기를 못 하게 하는 큰 장벽이 된다.

필자는 논술학원을 오랫동안 하며 글쓰기를 어려워하는 학생을 많이 보아왔다. 그 학생들에게 글쓰기 연습을 시키니 자기 생각을 표현하는 데 오랜 시간이 걸리지 않았다.

글쓰기는 절대 어려운 것이 아니며, 방법을 모르는 것뿐이다. 특히, 요즈음에는 맞춤법 검사를 하는 프로그램도 있기 때문에 글을 써두고 그것을 활용하여 퇴고하면 완전한 문장 쓰기가 그리 어렵지 않다. 예전에 글을 처음 시작할 때, 틀리는 것을 빨간색으로 표시를 하며 고친 것이 무의식에 그대로 남아, 글을 쓰는 방향으로 나아가려 하면 머릿속에서 빨간 신호등이 켜져 앞으로 나아가지 못하도록 한다. 글을 쓰고 싶다면 무조건 써보기를 권한다. 그러다 보면 잘 써지는 것이 글이다. 글을 쓰는 것은 글을 쓰는 글자 수에 비례한다고 말하고 싶다. 일단 막 써 내려가면서 글쓰기가 어렵다는 마음의 벽부터 허물어야 한다.

TIP6 글쓰기와 생활은 분리할 수 없다

글쓰기는 생활의 일부다.

그렇기에 빨리 배우면 배울수록 유용하다.

글쓰기는 어렵지 않다.

어렵다는 마음의 벽부터 허물어라.

지구에 산 기념으로 책 한 권은 남기자

글쓰기가 어려운 것은 단지 방법을 몰라서이다.

일단 막 써나가는 것이 가장 좋은 방법이다.

글은 생각 이상으로
힘이 있다

"펜은 칼보다 강하다."

80년대 초반, 전두환이 군사 쿠데타를 일으켰을 때 맨 처음 한 일이 언론 통폐합을 하면서 벌인 언론탄압이다. 글의 힘을 알고 있었던 까닭이다. 꼭 그렇지만은 않더라도 우리 실생활에도 그 말은 어김없이 적용된다. 글의 힘에 대해 겪은 필자의 경험을 소개하고자 한다.

스튜어트 다이아몬드의 "어떻게 원하는 것을 얻을 것인가?"를 읽고 협상이라는 것에 대해 조금은 인식하게 되었다. 이제껏 막연하게 '협상'이라는 것을 생각했는데, 이 책을 읽으니 협상에도 기술이 있음을 알게 되었다. 그래서 한번 실행해보기로 했다. 필자가 항상 불편하게 여기고 있던 것이 하나 있었다. 그것은 울산 ○○ 도서관에서 노트북을 사용하는 것이다. ○○ 도서관은 노트북을 사용할 수 있는 장소가 디지털 실에 세 좌석밖에 없다. 그것도 2시간만 사용 가능했으며, 시간도 오전 9시부터 오후 6시까지였다. 그런 현실은 노트북을 사용하지 말라는 말과 같다고 생각했다. 요즈음 같은 정보화 시대에 도서관에서 노트북을 사용할 수 없다는 것은 이해하기 어려웠다. 그래서 먼저 담당자에게 말로써 자료실이나 열람실에서 노트북을 사용할 수 있게 해달라고 요청했다. 하지만 규정을 들먹이며 일언지하에 거절했다. 기분이 상했다. 하지만 기분이 상하고 말 일이 아니었다. 노트북을 사용하지 못하면 작가로서 글을 쓸 수 없었다. 그래서 글로써 민원을 제기했다.

〈울산 ○○ 구는 인구 24만 명이 사는 도시입니다. 구청장님도 문화도시를 만들기 위해 큰 노력을 하는 것으로 알고 있습니다. 그런데 ○○ 구의 메인 ○○ 도서관에서는 노트북 사용하는 자리가 3곳 밖에 없습니다. 임시도서관이라는 공간의 한계도 이해가 가지 않는 것은 아니지만, 그래도 찾고자 한다면 방법을 찾을 수 있을 텐데 하는 아쉬움이 많습니다.

디지털 실에 노트북을 사용할 수 있는 좌석이 3곳 밖에 없고, 그것마저도 한 사람이 사용할 수 있는 시간이 2시간으로 한정되어 있습니다. 더구나 오후 6시 이후에는 아예 디지털 실을 닫아버려 이것마저 이용할 수 없습니다. 그래서 저는 노트북을 사용하기 위해 교보문고로 가거나, 남부도서관, 매곡도서관, 울주군의 선바위 도서관까지 가야 하는 불편을 겪고 있습니다. 이것은 아예 노트북을 사용하지 말라는 말과 같다는 것으로 이해가 됩니다.

임시도서관이라는 공간의 한계가 있기에 어느 정도 불편을 감수하겠지만 몇 가지 건의사항을 올립니다.

첫째, 종합자료실에서도 노트북을 사용하게 해 주면 좋겠습니다.

둘째, 열람실에서 노트북을 이용할 수 있게 해 주면 좋겠습니다. 참고로 매곡도서관은 열람실에서 사용 가능합니다 ○○ 도서관 열람실은 두 부분으로 나뉘어 있어 사람이 적은 한쪽을 사용하게 하면 될 것 같습니다. 저는 매일 밤 10시까지 노트북을 사용해야 하기에 오후 4시만 되면 남구에 있는 교보문고로 자리를 옮깁니다. 불편이 아주 큽니다.〉

원하는 것은 종합자료실과 열람실에서도 노트북을 사용할 수 있도록 하는 것이다. 원하는 것이 무엇인지에 대한 목표 설정을 분명히 했고, 다른 곳과 비교를 하여 설명을 하였으며, 노트북 사용할 수 있는 자리와 열람실에 붙은 사용금지 안내서도 사진을 찍어 첨부했다. 한 시간도 되지 않아 울산 ○○ 도서관 담당자로부터 전화를 받았다.

지구에 산 기념으로 책 한 권은 남기자

"여기 울산 ○○ 도서관인데요. ○○ 구청에 도서관에서 노트북 사용에 대한 민원을 제기하셨지요?"

"예, 맞습니다. 인구 24만인 도시에 그것도 ○○ 구의 메인 도서관에 노트북 사용하는 자리가 3개밖에 없다는 것은 말이 되지 않습니다."

"열람실에서는 또닥거리는 소리 때문에 다른 사람이 민원을 넣어 사용하기 어렵습니다."

"그렇게 생각보다 소리가 크지 않습니다. 어차피 임시 도서관이고 불편하기는 마찬가지입니다. 열람실이 좌석 배치가 두 군데로 나누어져 있으니, 좌석 수가 적은 쪽에 설치하면 됩니다. 일단 그렇게 해보고 또다시 민원이 들어온다면, 그분을 만나게 해주시거나, 여러 사람이 민원을 제기한다면 제가 다른 곳으로 가겠으니 일단 한번 시행해 주십시오."

그러자 도서관 담당자는 잠시 생각을 하더니

"제가 설득을 하기 위해 전화를 했는데, 오히려 설득을 당했군요. 알았습니다. 민원제기하신 것을 수용해 드리겠습니다. 대신에 다른 분이 열람실 사용이 시끄럽다는 민원이 오면 그때 다시 연락드리겠습니다."

그리고 2시간 만에 처리되었다는 답변이 올라왔다.

안녕하십니까?
울산 ○○ 도서관 총무과장입니다.

귀하께서 국민신문고에 올린 민원사항「○○ 도서관 종합자료실과 열람실에서 노트북을 사용하게 해 주세요.」에 대해 다음과 같이 답변 드립니다.

답변내용】먼저 울산 ○○ 도서관에 많은 관심과 이용에 감사드립니다. 민원인님의 불편한 사항들이 속히 해결되어 항상 편안하고 기쁜 마음이 깃들기를 바라며

- 귀하의 민원사항인「종합자료실과 자유 열람실에 노트북을 사용하게 해달라는 것」에 대해서는 사용 가능토록 조치해 놓겠습니다.

- 우리 ○○ 도서관은 새 도서관을 신축하기 전 임시로 운영하는 도서관으로서 공간 협소 등으로 이용에 불편하신 점 있는 줄 압니다. 신축 도서관이 준공되어 개관하기 전까지 불편사항에 대해 이해 바라며

- 노트북 사용으로 인해 또 다른 불편사항이 발생한다면 다른 방안을 마련해야 하니 이 점도 이해 바랍니다.

- 위 내용이 귀하의 질문에 만족스러운 답변되었기를 바라며, 답변 내용에 대해 더 궁금하신 사항은 울산 ○○ 도서관 052-000-6500 으로 연락해 주시면 친절히 안내해 드리도록 하겠습니다. 가정에 늘 행복이 가득하시기를 기원합니다. 감사합니다.

이렇게 해서 ○○ 도서관에서 필자 의견을 수용하기로 했다. 말로 할 때 규정을 들먹이며 일언지하에 거절당했던 일이, 글을 써서 이의 제기를 하자 수용이 된 것이다. 이를 통해 글쓰기 힘이 생각 이상으로 대단함을 알게 되었다.

TIP7 펜은 총보다 강하다

글의 힘은 생각 이상으로 막강하다.

한 장의 글이 도서관의 규정까지 바꾸는데,

책 한 권의 힘은 얼마나 강할까?

공지영의 '도가니'라는 책 한 권이 거대한

사회적 파급효과를 일으키는 것을 보았다.

펜은 총보다 더 강하다.

왜냐면 물질 위에 정신이 위치하기 때문이다.

글을 쓰면
행복한 이유

기억 창고에는 불행한 경험과 행복한 경험이 혼재되어 있다. 글을 쓰다 보면 기억 창고에 저장된 경험을 꺼내게 된다. 그런데 행복한 기억은 불러오기가 쉽지만, 불행한 기억은 쉽지가 않다. 불행으로 인한 아픔까지 따라오기 때문이다. 그런데 글을 쓰면 좋은 이유 중의 하나가 불행한 기억을 불행인 채로 그냥 내버려 두지 않는다는 데에 있다. 불행한 기억을 행복한 기억으로 왜곡하는 것이 아니라, 불행한 기억에 새로운 가치를 부여할 수 있다는 의미이다. 과거의 불행한 기억은 내버려 두면 불행한 채로 존재하게 되지만, 과거는 이미 지나간 시간이고 현재 상황은 대부분 과거와 많이 바뀌어 있다. 현재의 관점에서 그 불행한 일을 깊이 생각해보면, 과거에는 생각하지 못한 새로운 원인과 결과를 도출할 수도 있다. 그것이 과거의 경험에 새로운 의미를 부여하는 것으로 말할 수 있다. 새로운 의미 부여는 이제껏 지닌 불행한 일로 남았던 것이 더는 불행으로 남아있지 않게 됨을 의미한다. 그래서 글을 쓰는 행위는 행복을 재창조하는 행위라고 말할 수 있다.

언젠가 울산 울주군에 위치한 선바위 도서관에서 김정찬 작가와 함께 대화하며 글을 쓴 적이 있다. 김 작가와 글쓰기, 책 쓰기에 대한 많은 이야기를 나누었고 함께 글을 썼다. 김 작가는 울산에서 책 쓰기 모임을 함께 하는 '굳, 글' 회원이다. '굳, 글'은 '굳세어라. 글쟁이'의 약자로 9명이 회원이다. 함께 책을 쓰면서 서로 격려하고 동기를 부여하고 정보를 공유하기 위해 만들어진 모임이다. 혼자보다 함께 하면 글쓰기에 더 힘이 생긴다고 생각해 글 쓰는 작가 몇 명이 의기투합하였다.

글을 쓰면 불행은 더 이상 불행으로 남아있지 않다. 김 작가가 그 대표적인 사례이다. 그는 사고로 팔을 하나 잃었다. 신체가 떨어져 나가는 경험은 불행 중에서도 아주 깊은 불행에 속한다. 아픔과 극한 좌절 속에서 그는 글을 쓰기 시작했다. 그리고 그 불행을 더 이상 불행으로 머물러 있지 않게 만들었다. 그는 불행한 경험을 글로 써서 〈한쪽 팔을 잃고 세상을 얻다〉라는 책을 출간했다.

그 이후 2년도 채 되지 않은 시간에 5권의 책을 출간하였고, 써 놓은 원고가 책 15권 분량이라고 한다. 김 작가는 이제 27살밖에 되지 않은 청년이다. 청춘의 나이에 한쪽 팔을 잃고 얼마나 힘이 들었을까? 그런데 그는 글로써 그 힘듦을 극복했다. 이 글을 읽는 사람은 그가 원래 글을 쓰던 사람이라는 생각을 할 수도 있다. 하지만 그는 원래 글을 쓰는 사람이 아니었다. 불행한 삶을 극복하기 위해 글을 썼고, 그러다 보니 작가가 되었다. 그를 아는 사람은 그를 '한손 작가'라 부른다. 한 쪽 팔을 잃고 한 손으로 노트북이 아닌 핸드폰에다 오늘도 글을 쓴다. 한쪽 팔을 잃고 작가가 되므로 행복한 세상을 얻게 되었다.

"글을 쓴다는 것은 행복은 더 행복하게 하고, 불행마저도 행복한 현실로 바꾸어 놓는다."

글쓰기는 중독인 것 같다. 나쁜 중독이 아닌 좋은 중독이다. 사람을 살리는 중독이다. 작가로 산다는 것은 열정이 없으면 할 수 없다. 그것을 김정찬 작가는 작가 DNA라는 말로 표현하였다. 그 DNA는 선천적인 것이 아니라 후천적으로 만드는 것이다. 그 DNA를 필자는 열정 작가 DNA라 부르고 싶다.

인생은 행복과 불행 두 가지로 구분된다. 불행하지 않으면 다 행복이다. 이 생각에 동의하지 않는 사람은 불행하지도 행복하지도 않은 평범한 상태가 존재하지 않느냐 항변하리라. 그 항변에 대해 필자는 평범한 일상은 행복에 포함된다는 말을 하고 싶다. 요즈음처럼 사건 사고가 많이 일어나는 사회에서 아무런 불행한 일도 일어나지 않는다는 것은 얼마나 다행한 일인가? 다행이라는 말을 한자로 쓰면 多幸, 즉 직역하면 행복이 많다는 것을 의미한다. 총알이 오고 가는 전투 상황에 있지 않은 것만도 다행이며, 오늘 하루 우리 집에 불이 나지 않는 것도 다행이며, 길을 가다 교통사고가 나지 않은 것도 다행이다. 인생 전체를 놓고 보았을 때, 통상적으로 불행한 일이라고 일컫는 지극히 불행한 일은 그리 많이 일어나지 않는다. 그러니 대부분 사람은 불행보다는 행복 속에서 살아가고 있다. 그런데 자신이 행복하지 않다고 생각하기 때문에 불행하게 된다.

글을 쓰면 그런 것들이 보인다. 그리고 앞에 언급하였듯이 불행한 상황도 행복한 상황으로 의미부여를 할 수 있다. 그렇기에 글을 쓰면 행복해진다.

글을 쓰면 예전에는 생각지도 못했던 새로운 의미의 행복을 발견할 수 있다. 예전에는 평범한 일들이 더 이상 평범하지 않고 특별한 행복으로 다가온다. 이것이 글을 쓰면 행복한 이유이다.

그림을 그리다 잘못 그린 부분이 있다고 가정하자. 그것을 그대로 두면 잘못된 채로 남게 된다. 하지만 그 부분을 고치고 새로운 색으로 칠한다면 기존의 것은 없어지고 예쁜 것으로 그려져 남겨진다. 글쓰기도 그렇다. 불행을 새로운 색으로 색칠하는 것이다. 글을 쓰지 못해 책을 쓰지 못한다는 핑계를 대지 말자. 한손만 있어도 글은 쓸 수 있다. 노트북이 없어 글을 쓰지 못하는가? 그러면 손가락과 핸드폰이 있는가? 그러면 글을 쓸 수 있다. 김장찬 작가가 그것을 증명해주고 있지 않은가? 행복해지기 위해서 글을 쓰자.

"앞으로도 계속 글을 쓸 것이다. 그렇기에 난 앞으로도 계속 행복할 것이다."

TIP8 글을 쓰면 행복해진다

글을 쓴다는 것은 불행한 것은 행복하게
행복한 것은 더 행복하게 만들어준다.
글을 쓴다는 것은
과거의 일에 의미를 다시 부여함을 의미한다.
불행한 일이라도 행복의 색을 덧칠하면
불행은 더 이상 불행으로 남지 않는다.

그렇기에 글을 쓰면 행복해진다.

지구에 산 기념으로 책 한 권은 남기자

글쓰기는
정신적인 힘을 길러준다

글쓰기를 꾸준히 하면 창의력, 논리력, 분석력, 독해력, 사고력, 문제해결 능력 등이 길러진다. 또한, 감성도 풍부하게 된다. 창의라는 것은 새로운 것, 독창적인 것을 의미한다. 글을 쓰다 보면 하나의 생각이 여러 가지 방향으로 향하게 된다. 잘못되면 비문이 되지만 글을 쓰기 전에는 생각지도 못한 것들이 표현되기도 한다. 그것은 곧 자신만의 생각, 즉 창의력이 됨을 의미한다. 또한 글을 쓰다 보면 다른 사람들이 표현하지 않는 자신만의 생각을 자연스럽게 표현하게 되는 경우가 많다. 의도했든 하지 않았든 그것은 창의적인 생각이 되며, 그것을 반복하는 과정이 창의력을 기르는 과정이다.

앞에서도 언급하였듯이 글을 쓰는 행위는 생각을 문자화하는 작업이다. 생각을 눈으로 볼 수 있기 때문에 분석력, 독해력 등은 자연스럽게 길러진다. 분석이라는 것은 머릿속에 생각으로 머물러 있을 때보다 활자로 표현된 것을 눈으로 보고하기가 훨씬 더 쉽다. 그렇기에 어떤 사안을 글로 써본다면 비슷한 것끼리 비교하여 분석해낼 수 있다. 그렇게 분석력은 향상되며 바른 판단을 하게 되어 훨씬 값진 인생을 살 수 있다.

또한, 어떤 문제에 부딪혔을 때, 그 문제를 해결하는 능력이 향상된다. 살아가면서 여러 유형의 문제에 부딪히게 된다. 문제를 해결하지 못해 좌절하기도 하지만 문제를 해결하면 도약할 기회가 되기도 한다. 글을 써서 문장으로 표현한 것을 읽으면 자연스레 상황을 판단할 수 있게 된다. 그리고 문제를 볼 수 있게 한다. 문제를 봐야 해결책이 나올 수 있다. 글을 쓰다 보면 문제가 보이고 그 원인이 보이고 해결책까지 볼 수 있어 문제해결 능력이 높아진다.

또한, 위에 나열한 이성적인 영역뿐만 아니라 글을 많이 쓰다 보면 감성적인 영역도 자연스럽게 발달한다. 가령 사랑하는 사람에게 쓰는 편지는 감성 영역이다. 사랑하면 누구나 시인이 된다는 말이 있다. 글을 쓰게 되면 자연스레 은유하는 능력이 생기고 그 은유가 사랑을 더욱 빛나게 한다. 그렇기에 글을 쓰면 감성이 풍부해지게 된다.

글을 쓰면 이렇게 좋은 점이 많다. 글을 쓰는 자체로도 큰 의미를 지니지만, 그 효과가 몇 배로 되게 하는 것이 책으로 출판하는 일이다.

TIP9 글을 쓰면 정신의 힘줄이 단단해진다

글쓰기를 하면

창의력, 논리력, 분석력, 독해력, 사고력, 문제해결 능력

뿐만 아니라 감성까지 길러진다.

정신의 힘줄이 단단해진다.

글!
이렇게 쓰면 된다

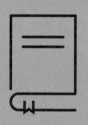

책을 쓰려고 마음먹고 펜을 들었다면 당장 어떻게 글쓰기를 해야 할지 막히는 경우가 많다. 그때는 막 써보자. 어느 정도 분량이 되면, 글 쓸 거리가 생기게 된다. 그렇게 막 써보는 것이 글을 쓰는 연습을 하는 방법이다. 글을 잘 쓰는 것은 이런 연습의 반복을 통해 가능하다. 이 장에서는 어떻게 글을 써야 하는 지를 다루었다. 글쓰기에 특별한 비법은 없다. 쓰다 보면 잘 쓰게 된다. 필자가 그랬다.

그리고 글을 쓴다는 것은 곧 정신이 성장하는 것을 의미한다. 책은 곧 글을 쓰는 과정을 거쳐 성장한 정신 열매이다.

글쓰기는 **재능**이 **아니라** **연습**이다

글쓰기가 안 되는데 어떻게 책을 낼 것인가? 앞에서도 말했듯이 연습하자. 우리는 모두 우리말을 알고 있고, 한글을 알고 있다. 우리가 겪은 이야기를 쓰자. 겪지 않은 일, 알지 못 하는 일에 대해서는 쓸 수가 없다. 왜냐하면 머릿속에 쓸 수 있는 내용이나 생각이 들어있지 않기 때문이다. 하지만 우리가 아는 이야기는 얼마든지 표현할 수 있다.

그렇다면 어떻게 글을 쓸 것인가? 글은 그릇이다. 자신의 머릿속에 든 생각을 담는다. 밥통에서 밥을 퍼 그릇에 담는 것과 같다. 머릿속에는 살아오면서 겪은 일들이 의미화 되지 않은 채 경험으로 엉켜있다. 그런 것을 나누는 작업부터 해야 한다. 그것을 필자는 "생각 나누기"라 표현한다. 인생 전체를 구분하여 쓸 수도 있고, 특별한 경험 하나를 자세하게 의미를 담아 쓸 수도 있다. 시간 순으로 표현하는 방법이 가장 쉽다.

머릿속에 있는 생각을 떠올리려고 하면 지그시 눈을 감아야 한다. 눈을 감는 것은 머릿속에 들어있는 생각을 찾아서 눈으로 보겠다는 무의식의 행동이다. 하지만 눈을 감으면 깜깜해진다. 암흑 속에서 잘 보이기 만무하다. 글을 쓴다는 것은 눈을 뜨고 보는 것을 의미한다. 머릿속에 들어있는 생각을 활자화해 두고 눈으로 보는 것이다. 눈을 감고 보는 것보다 눈을 뜨고 보는 것이 훨씬 더 잘 보이는 것은 두말하면 잔소리다.

그렇기 위해서는 먼저 '무엇을 쓸 것인가'부터 정해야 한다. 글을 쓰기 위해서 생각을 떠올리면, 머릿속에는 가장 최근의 일이 떠오를 수도 있고, 가장 기억에 남는 일이 떠오를 수도 있다. 생각나는 대로 적어보자. 그러면 몇 가지의 일이 활자로 된 것을 눈으로 보게 되리라. 그 후에 자신이 잘 표현할 수 있는 것, 표현하고 싶은 것 하나를 선택하자. 그리고 난 뒤 그 일이 시작된 순간부터 시간 순으로 쭉 한번 적어보자. 모든 상황에는 단계가 있다. 그 단계는 상황이 바뀌는 시간이나 일이 될 수 있다. 앞서 말한 "생각 나누기"를 활용하여 자유롭게 써 보자. 단어로 나열해도 좋고, 문장으로 표현해도 좋다.

가령 자신의 직업이 공무원이라면 공무원이라는 꿈의 씨앗이 가슴에 담긴 시점부터 출발하여, 현재까지 특정한 상황별로 적고 그 상황에 소제목을 붙여 항목으로 만드는 것부터 하자. 그리고 하나씩 자세하게 서술해 나가면 된다. 다음에 자신의 가족에 대해 적고 싶다면, 아내와 아들, 딸, 노모 등으로 "생각 나누기"를 한 후 한 사람에 대해 자세하게 묘사하면 된다. 그 사람이 좋아하는 것, 취미, 직업 등 글로써 가족 한 사람한 사람에 대해 써 보는 연습을 하자. 글 쓰는 것에는 무엇보다 세분화하여 자세하게 표현하는 것이 중요하다. 그것이 글을 쓰는 연습에 해당한다. 아니면 쓰고 싶은 일에 대해 시간 순으로 "생각 나누기"를 하여 하나씩 자세하게 표현해 나가면 된다.

일단 그에 대한 글을 쓰고 그 사실이 무엇을 의미하는지를 쓰면 한 편의 글이 된다. 쓰다 보면 글들이 모이고, 모인 글을 엮으면 한 권의 책이 된다. 그러면 책 쓰기가 별 것이 아니라는 사실을 느끼게 되리라.

글을 쓰다 보면 이런 글이 가치가 있을까 하는 생각이 들 수도 있다. 충분히 가치가 있다. 자신의 경험은 자신만의 것이기 때문이다. 문학적인 글이 더 가치 있는 글이고 자신의 글은 볼품없는 글이 되리라 생각하는가? 아니다. 글이란 것은 문학이기 때문에, 실용 글이기 때문에 가치가 있고 없고를 논하는 것이 아니다. 글의 가치를 좌우하는 것은 그 내용이기 때문이다. 그리고 독자가 얼마나 공감하느냐의 문제이다. 문학적인 글을 쓰지 못한다고 하여 주눅이 들 필요는 전혀 없다. 문학적인 글은 상상력을 바탕으로 한 글이며, 자신이 쓴 글은 경험을 바탕으로 한

지구에 산 기념으로 책 한 권은 남기자

글이다. 사실이 상상보다 못할까? 이에 대한 답은 스스로 내려 보길 바란다.

TIP10 상상과 현실 무엇이 더 가치가 있을까?

작가가 쓰는 문학적인 글이

일반인이 쓰는 실용 글보다 더 가치가 있을까?

아니다. 글의 가치를 좌우하는 것은 그 내용이다.

문학적인 글을 쓰는 데

오랜 시간이 걸리기 때문에 더 가치 있는 글이 될까?

아니다. 문학은 상상력의 산물이며,

실용 글은 자신의 경험의 산물이다.

그렇기에 실용 글이 문학적인 글에 비해 절대 가치가 덜하지 않다.

글쓰기,
누구나 할 수 있다

글을 써 보라고 하면 자신은 책을 많이 읽지 않아서 글을 쓰지 못한다는 말을 하는 사람이 있다. 정말 책을 많이 읽지 않은 사람은 글을 쓸 수 없을까? 그렇지는 않다. 책을 많이 읽으면 글을 훨씬 더 잘 쓸 수는 있겠지만 책을 많이 읽지 않았다고 해서 글을 쓸 수 없지는 않다. 물론 글을 쓰다 보면 자연스럽게 책도 읽게 됨을 필자는 경험했다.

필자도 그렇게 책을 많이 읽는 편은 아니었다. 글에 몰두하기 전까지는 다독하는 편이 아니라 가끔 읽고 싶은 책을 읽는 정도였다. 다른 작가들처럼 그렇게 독서량이 많지 않았다. 하지만 그것이 글을 쓰지 못하게 하지는 않았다. 책을 읽는다는 것은 다른 사람이 겪은 경험을 간접적으로 겪는 것을 의미한다. 그런데 우리는 살아오면서 자신들이 겪은 직

72

접 경험이 아주 많다. 간접 경험을 하지 않더라도 글 쓸 경험 정도는 누구나 갖고 있다. 간접 경험보다는 직접 경험이 피부로 겪은 경험이기 때문에 본인에게는 훨씬 더 중요한 의미를 지니며, 기억 창고에 생생하게 저장되어 있다. 그렇기에 책을 많이 읽지 않았다고 해서 글을 쓸 수 없는 것은 아니다. 물론 글을 많이 읽은 사람은 글을 더 잘 쓸 수는 있으리라. 간접 경험이 그만큼 풍부하기 때문이다. 하지만 글을 많이 읽었다고 해서 모두 글을 잘 쓰는 것도 아니다.

아무리 글을 많이 읽어도 글쓰기 훈련이 되어있지 않으면, 글을 잘 쓸 수가 없다. 운전시험에는 필기시험과 실기시험이 있다. 필기시험을 100점 맞아도, 운전 연습을 하지 않으면 운전을 잘할 수 없는 것과 같은 이치이다. 실기시험은 자동차 운전석에 앉아 실제로 운전해보는 연습이 필요하다. 연습하지 않고 이론만 알고 있다고 해서 절대 운전면허를 취득할 수 없다. 운전은 이론과 무관하게 연습만으로 잘할 수 있다. 그처럼 글쓰기도 운전처럼 연습만으로 잘할 수 있다. 단지 차이가 있다면 운전면허는 이론과 실기 시험을 동시에 합격해야 딸 수 있지만, 글쓰기는 이론에 해당하는 독서량이 많지 않고 실기만 잘해도 된다는 차이이다. 왜냐하면 기본적으로 글을 쓰고자 하는 사람은 운전시험의 이론에 해당하는 자신만의 경험을 가지고 있기 때문이다. 그렇기에 독서량이 많지 않아도 글쓰기를 할 수 있다. 그렇다고 독서를 하지 않아도 된다는 말은 아니다. 독서량이 풍부하고 글쓰기 훈련이 된 사람이 훨씬 좋은 글을 쓸 수 있음은 두말할 필요가 없다.

글을 잘 쓰는 훈련을 하는 방법으로 글쓰기 전문가들은 필사를 많이 할 것을 권장한다. 다른 사람이 쓴 글을 그대로 베껴 쓰라는 말이다. 맞다. 이것도 하나의 좋은 방법일 수 있다. 베껴 쓰는 것은 정확한 문장을 쓰는데 유효하다. 문장의 길이와 흐름을 익히는 좋은 방법이다. 다른 사람의 생각을 문장으로 표현한 방법을 벤치마킹하는 것이다. 자신의 문장에 대해 자신이 없으면 베껴 쓰기부터 하자. 하지만 베껴 쓰는 것이 능사는 아니다. 필자는 의도적으로 다른 사람의 글을 베껴 쓴 적은 없다. 많이 쓰다 보니 글쓰기 실력이 향상되었다. 베껴 쓰는 것도 하나의 방법일 수 있지만, 그것보다는 글이 되든지 되지 않든지 자기 생각을 표현하는 글을 많이 써 보길 권하고 싶다. 자신이 쓴 글을 다시 읽어보고 고치고 하는 과정이 필사보다 더 많은 도움이 된다고 생각해서이다. 물론 글을 쓸 시간이 많다면 두 가지를 병행하면 더 좋다.

처음 글을 쓰기 시작하는 사람에게는 앞에서도 말했듯이 분량이 중요하다. 한 가지의 주제를 놓고 A4용지 1장 분량을 억지로라도 써 보길 권한다. 글이 주제와 벗어나고 엉뚱한 글이 써지기도 하리라. 그래도 일단 써 보자. 그러면 자신이 쓴 글 중에 분량이 제일 많은 주제가 보이게 된다. 그 부분만 남기고 다른 주제의 글은 잘라내기를 하여 별도의 파일에 붙여넣기를 하여 저장해두자. 그리고 또 남겨진 글을 다시 읽어보자. 이때는 빠뜨린 부분은 어떤 것인지, 다르게 표현할 부분은 없는지를 생각하면서 읽어보자. 그러면 주제에 맞는 다른 내용을 추가하여 쓸 수 있다.

또한, 이미 쓴 글을 세분화하여 두고 하나의 문장에 뒷받침하는 글을 쓰거나, 하나의 문장을 설명하는 말을 적어보자. 그러면 문장의 분량이 늘어난다. 아마도 자신이 잘 쓸 수 있거나 최근에 경험한 일을 선택하여, 시간 순서대로 작성해 나간다면 A4 한 장 분량은 어렵지 않게 채울 수 있다. 잘라내기를 하여 다른 파일에 저장해둔 글들은 다른 글을 쓸 때 유용하게 쓰일 때가 있으므로 아까워하지 말자.

필자는 산문에 자신이 없었다. 시를 오랫동안 써 왔기에 자연스럽게 글을 쓰는 스타일이 시어를 쓰는 데 익숙해져 있었다. 시는 산문과 달리 말을 풀어쓰지 않고 압축하여 쓴다. 그리고 산문처럼 주어와 술어의 호응이 중요하지도 않다. 가능하면 말을 줄이는데 익숙해져 있기에 산문 쓰기가 쉽지 않았다. 그래서 말을 풀어서 쓰고 주어와 술어가 호응이 되는 형식으로 산문 쓰기 연습을 했다. A4용지 한 장의 분량을 정해두고 한 가지 주제로 글을 쓰는 연습이었다. 오래지 않아 산문으로 A4 한 장 분량의 글이 말이 되든지 그렇지 않든지 쓸 수 있었다. 그러한 연습을 반복하자 분량에 대한 걱정은 크게 하지 않아도 될 정도가 되었다. 이런 방법을 초보자들이 따라 해 본다면 A4 한 장 분량의 글을 쓰기가 그리 어렵지 않음을 알게 될 것이다.

초보자들이 글을 쓰려 하면 몇 문장 적지 않아 생각이 막혀 글을 쓰지 못하는 경우가 많다. 이를 병목현상이라고 부르고 싶다. 몸체는 크고 입구는 작은 병 속에 구슬이 잔뜩 들어있다고 가정하자. 병을 거꾸로 들면 한두 개 정도가 나오다 병 입구가 막혀 더 이상 나오지 않는다. 생각도 이와 같다. 머릿속에서 병목 현상을 일으켜 처음 글을 쓰면 생각이 몇 문장의 글로 표현되다가 막혀버린다. 병이 막혀 구슬이 나올 때는 병을 바로 세웠다가 거꾸로 하면 또 다시 몇 개의 구슬이 나온다. 글도 마찬가지다. 글쓰기를 잠시 멈추었다가 다시 시작하면 몇 개의 문장을 더 쓸 수가 있다. 병을 바로 했다가 거꾸로 했다가를 반복하다 보면, 병 속에 구슬이 완전히 다 나오게 된다. 병목 현상이 해소됨을 의미한다. 글쓰기도 마찬가지다. 어느 정도 '막혔다 뚫렸다'를 반복하다 보면 어느 순간 그 주제의 글이 술술 나오게 된다. 글쓰기 훈련은 그런 상황을 반복해 나가는 과정이다.

자전거를 배울 때 많이 넘어졌다. 하지만 배우고 난 뒤에는 페달만 밟으면 앞으로 자연스럽게 나아갔다. 무엇을 배우든 처음에는 힘이 든다. 하지만 익숙해지면 그다음부터는 잘할 수 있게 된다. 골프를 배우는 데에는 얼마간의 시간이 필요할까? 야구를 배우는 데는, 춤추기는, 노래는, 운전은? 모두가 배우는 과정이 필요하다. 글쓰기도 마찬가지이다. 글쓰기에 적합한 신체는 없다. 글쓰기에 적합한 정신도 없다. 글쓰기는 타고나는 것이 아니다. 누구나 연습만 하면 잘할 수 있다.

글쓰기 책을 무작위로 선정하여 읽어보라. 글쓰기는 천성적으로 타고난 천재만이 쓰는 것이라고 적혀진 책은 발견할 수 없으리라. 글쓰기를 오래 한 사람일수록 글쓰기 책을 저술한 사람일수록, 이렇게 말한다.

"글쓰기는 누구나 하면 잘할 수 있다."

글은 쓰다 보면 는다. 글쓰기 실력은 글자 수에 비례한다. 많은 글을 쓰면 그만큼 잘 써지는 것이 글쓰기다. 글은 생각을 표현하는 수단이기 때문에 글을 많이 쓰면 그만큼 생각을 많이 하는 것이 된다. 그러면 사고력도 길러진다. 책을 많이 읽지 않았다면 글쓰기를 시작하면서 책 읽기도 병행하면 된다. 많이 읽고 많이 생각하고 많이 쓰자. 이것이 글을 잘 쓰는 연습을 하는 방법이다.

하지만 여기에서 전제가 되어야 할 것이 있다. 먼저 글을 잘 쓰겠다는 마음가짐과 글쓰기를 잘할 수 있다고 자신을 믿는 것이다. 책을 내려고 마음먹은 사람이라면 꼭 책을 출간할 수 있다고 믿고 글을 쓰자. 글쓰기와 무관하게 살아온 사람이 책을 출간하는 경우를 필자는 수도 없이 보았다.

독서를 많이 안 해서 글쓰기를 하지 못할까?

살아가는 과정은 직접 경험이다.

독서는 간접 경험이다.

좋은 글은 삶의 생생한 체험을 표현한 것이다.

간접 경험인 독서와 살아온 체험인 직접경험,

어느 것이 더 중요한가?

독서만 많이 하고 글쓰기 훈련이 되지 않은

사람은 글을 잘 쓰지 못한다.

반면에 독서를 적게 하고서도 글쓰기 훈련이 된

사람은 글을 쓸 수 있다.

글쓰기는 훈련을 통해 가능하기 때문이다.

글쓰기는 마음자세가 중요하다.

마음자세란 글을 잘 쓸 수 있다고 자신을 믿는 것이다.

글쓰기는
"생각 나누기"(마인드맵 활용하기)
부터 시작하자

하나의 생각은 머릿속에 독립된 하나의 공간에 저장되어 있지 않다. 쉽게 말하면 신발장 앞에 정리되지 않고 놓인 헝클어진 여러 켤레의 신발과 같다. 글을 쓴다는 것은 신발장 안에 신발을 넣는 것과 같다. 신발장 안에 신발을 정리하여 넣으면 생각의 현관은 깨끗해지며, 필요할 때 신발장을 열고 눈으로 확인하고 필요한 신발을 꺼내어 신을 수 있다. 신발장을 생각의 창고라고 생각하자. 한 켤레의 신발을 넣는 곳이 하나의 칸이 질러진 공간이라고 생각하자. 칸이 질러진 공간에 한 켤레씩 신발을 넣는 것이 생각을 나누는 행위와 같다.

예를 들어, 가족에 대한 글을 쓰려고 한다. 그런데 여러 식구의 모습이 생각 덩어리로 서로 얽혀있다. 가족에 대해 글을 쓰려면, 무엇부터 써야 할 지 막연하다. 발 하나로 신발 두 개를 신을 수 없다. 엉킨 생각은 두 개의 신발과 같다. 발 하나에 하나의 신발을 신어야 한다. 그렇다면 두 개의 신발을 분리하는 것이 필요하다. 아래와 같이 몇 개의 칸을 나눈 표를 그리고 구성원 하나씩 하나의 칸에 넣어보자. 아래의 표와 같이 가족 구성원을 써넣을 수 있다. 한 칸에 하나씩 소재를 분리하여 넣는 것. 이것이 필자가 이야기하는 "생각 나누기"이다. 머릿속에 엉켜있는 생각을 시각화하는 작업이다. 그런 후 한 칸에 있는 것 하나씩 꺼내어 글을 써 보자. 노모에 대한 이야기, 아내에 대한 이야기 등 하나씩 자세하게 써 나가면 된다. 아래 생각 표는 필자 가족에 대해 "생각 나누기"를 한 것이다.

우리 가족

노모	아내	큰아들
작은아들	나	종합 의미부여

이때, 칸 하나가 하나의 단락이 된다면, 6단락의 글이 완성된다. 다음은 나의 인생에 대해 "생각나누기"를 해 보았다.

나의 인생

유년시절	초등학교	중학교	대학교
결혼	K기업 입사	자영업	글쓰기

취준생	입사	신입사원	대리	과장
현대차	영업	긴급물량	갈등	보람

이렇게 구분할 수 있다. 세 가지 생각 표를 다시 한번 본다면, 큰 테두리에서 작은 테두리로 점점 세분됨을 알 수 있게 되리라. 가족 ▶ 나 ▶ K기업, 어떤 주제에 대해 글을 쓰려고 한다면 이렇게 큰 생각 덩어리에서 작은 덩어리로 세분하여 "생각 나누기"를 해본다면 글 쓸 거리가 시각화되어 글을 구성하거나 목차를 짜는데 많은 도움이 된다. 또한, 이렇게 마인드맵으로 표현할 수도 있다.

이렇게 한다면 가족뿐만 아니라 친구에 관해서 쓸 수도 있고, 좋아하는 취미에 관해서 쓸 수도 있다. 생각은 머릿속에 실타래처럼 엉켜있는 상태로 존재한다. 그래서 필요한 생각을 끄집어내려고 하면 엉킨 실타래가 잘 풀려 나오지 않는다. "생각 나누기"는 엉킨 실타래의 매듭을 풀어놓는 행위와 같다. 정리되어 돌돌 말아놓은 실타래라면 생각을 풀어내기는 그만큼 쉬워진다.

아이들에게 글쓰기 지도를 한 적이 있다. 자기 소개글을 적으라고 하면 글쓰기 연습이 되지 않은 아이들은 한 세 줄 정도 쓰고 "선생님 다 썼어요."라고 말한다. 그 아이들은 생각이 머릿속에 엉켜있어 밖으로 끄집어내지 못하는 아이들이다. 그럴 때 위와 같이 여섯 개 정도의 칸을 만들고 하나의 소재는 하나의 칸에 적게 한다. 가령 한 칸에는 엄마, 한 칸에는 아빠, 한 칸에는 형제, 한 칸에는 친구, 취미, 장래희망 등이다. 그리고는 하나의 칸에 있는 소재에 대해 좋아하는 것 등을 예로 들며 자세하게 표현하라고 한다. 그러면 아이들의 표현은 아주 풍부해진다. 하나의 생각이 하나의 칸으로 들어가 정리가 된 덕분이다.

이처럼 글쓰기를 하면 하나의 소재에 대한 생각이 하나의 방으로 들어가 여러 가지로 헝클어진 생각이 정리된다. 생각이 정리되면 정리가 된 신발장 앞 현관처럼 깨끗해진다. 이러한 과정을 필자는 "생각 나누기"라고 이름 붙였다. 또한, 표를 '생각 표'로 부른다. "생각 나누기"를 하면 글쓰기가 훨씬 수월해진다.

경험에 대해 생각해보자. 머리는 활자로 저장하는 것이 아니라 이미지로 저장한다. 그 이미지는 시간 순서대로 입력된 자신이 겪은 일이다. 경험에는 강도가 존재한다. 그렇기에 크게 와 닿는 기억과 희미한 기억으로 섞여 있다. 그런데 글은 머릿속에 저장된 같은 경험은 하나의 소재로 묶어 써야 한다. 하나의 소재를 쓰고 그 다음 소재로 넘어가야 한다. 그러려면 혼재된 생각을 소재별로 분리하는 작업이 필요해진다. 글을 오래 쓰다 보면 생각이 정리된소재별 정리 채로 자연스럽게 흘러나온다. 하지만 익숙하지 않은 사람은 생각을 정리하는 단계소재별 정리를 반드시 거쳐야 한다. 머릿속에서 정리하여 글로 표현할 수도 있겠지만, 생각 표를 그려 하나의 칸에 위와 같이 하나의 소재를 담아 생각을 나누는 것은 초보자에게는 아주 유용한 방법이다. 왜냐하면 생각을 활자로 변환하여 눈으로 볼 수 있기 때문이다. 눈을 감고 생각을 찾는 것보다, 짧은 단어로 글을 쓴 후 그 단어에 대해 깊이 생각하는 것이 훨씬 자세한 생각을 할 수 있게 한다.

TIP12 "생각 나누기" – 마인드맵 활용하기

머릿속의 생각은 서로 엉켜있다.

꺼내어 글을 쓰려면 잘 나오지 않는다.

그때 생각 표를 만들고 생각을 나누어

하나의 칸에다 하나의 소재를 집어넣자.

그 소재를 더 작게 나누려면 또 하나의 생각 표를 그리고

그 칸에다 더 작은 소재를 써넣으면 된다.

이런 행위를 통해 나누어진 생각을 눈으로 보게 된다.

즉 생각이 시각화됨을 의미한다.

시각화된 소재를 하나씩 자세하게 써 나가자.

그러면 한 편의 글이 완성된다.

그 완성된 글은 생각이 시각화된 것을 의미하고,

그 글을 읽는다는 의미는

생각을 눈으로 보는 것을 의미한다.

지구에 산 기념으로 책 한 권은 남기자

이것만 알아도
글쓰기에 지장이 없다

한국어 문법을 모르고도 글을 쓸 수 있을까? 책 쓰기를 하려는 사람이 불안해하는 가장 큰 요인 중에 하나이다. 자신은 학교 다닐 때도 글을 써 본 적이 없으며, 주위에서 글을 잘 쓰는 사람을 본 적도 없는데 어떻게 책을 낼 수 있을까를 걱정한다. 또한, 글쓰기는 국어국문학과를 전공하거나 문예창작과를 나온 사람이나 쓰는 것으로 생각한다. 하지만 서점에 가서 진열된 책의 저자를 살펴본다면 생각이 달라진다. 필자도 국어국문학을 전공했기에 국어국문학을 전공한 사람이 책을 내는 경우는, 전공하지 않은 사람이 책을 내는 경우보다 훨씬 적다는 것을 알고 있다. 그것은 국어국문학과가 글쓰기를 가르쳐주는 학과가 아니기 때문이다.

그렇다면 국문학을 전공하지 않은 사람은 어떻게 글을 쓸까? 한국어 문법이 그렇게 어렵다고 들었는데, 문법을 따로 공부해서 글을 쓸까? 그렇지 않다. 문법을 몰라도 글을 쓰는 데는 크게 지장이 없다. 그렇다고 문법을 무시하고 글을 쓰라는 말은 아니다. 글쓰기에서 주의해야 할 문법들이 많이 있지만, 문법을 모두 알 필요도 외울 필요도 없다. 띄어쓰기 등의 맞춤법 검사는 한국어 맞춤법 검사 사이트 http://speller.cs.pusan.ac.kr/PnuWebSpeller/ 를 활용하면 된다. 그리고 책을 쓰는 데는 다음 간단한 몇 가지의 주의할 점만 알고 있어도 글을 쓰는 데는 크게 어려움을 겪지 않는다. 또한, 부족한 부분에 대해서는 출판사에서 교정 교열을 해주기도 한다.

한 문장은 60자를 넘지 말자

글쓰기 책을 보면 이구동성으로 "문장은 짧게 써라"라고 되어있다. 그 이유는 문장이 길어지면 주어와 술어가 호응이 되지 않거나 비문이 될 가능성이 크며, 이해하기도 힘든 문장이 되기 때문이다. 그런데 몇 자를 짧다고 이야기해 주는 책은 없다. 120자를 짧다고 이야기하는 사람도 있으며, 30자를 짧다고 이야기하는 사람도 있다. 이에 대한 정확한 기준은 없지만, 기준을 정하라면 필자는 경험상 60자를 넘지 말라고 하고 싶다. 한 문장을 쓰고 글자 수를 셀 필요는 없다. 아래 한글 프로그램의 경우 글자 크기를 10pt로 했을 때, 한 줄이 띄어쓰기를 포함하여 대략 45자 정도가 된다. 그렇다면 한 줄 반을 넘지 않으면 된다. 만약 넘을 경우에는 반점을 찍어 의미를 나누어주면 된다.

'~것이다.' 라는 종결형은 가능하면 피하자.

글을 쓰다보면 무심결에 '~것이다.'라는 표현을 하게 된다. 그럴 때 다른 표현으로 바꿀 수 있으면 바꾸는 것이 매끄럽다. 하나도 쓰지 말라는 말은 아니며 다른 말로 바꿀 수 있으면 바꾸라는 말이다.

그날 집에 갔던 것이다. ▶ 그날 집에 갔다.
그녀는 나에게 사랑을 고백했던 것이다. ▶ 그녀는 나에게 사랑을 고백했다.

글 속에 '나'를 뺄 수 있으면 빼는 것이 좋다.
글 속에서 접속사를 빼도 말이 되면 빼는 것이 좋다.

나는 어릴 때부터 비를 좋아했다. 그래서 '비부터 적어보자'라고 생각하며 비에 대한 추억부터 써 내려갔다. 그런데 내가 비에 대해 어느 정도 서술해 나가니 어느 시점부터 쓸 거리가 없어졌다. 그래서 그다음으로 내가 좋아하는 것을 생각해 보니 글쓰기였다.

어릴 때부터 비를 좋아했다. '비부터 적어보자'라고 생각하며 비에 대한 추억부터 써 내려갔다. 비에 대해 어느 정도 서술해 나가니 어느 시점부터 쓸 거리가 없어졌다. 그 다음으로 좋아하는 것을 생각해 보니 글쓰기였다.

이렇게 적어도 말이 된다. 말이 될 뿐만 아니라 문장이 간략하다. 문장을 쓸 때 필요 없는 말은 가능하면 줄이고, 합칠 수 있는 말은 합치는 것이 기본이다.

대화체 " "는 적당히 활용하는 것이 좋다.

대화체가 있는 문장은 현실감이 느껴지며, 읽기에도 편하다. 대화체는 줄을 바꾸어 써 주는 것이 좋다. 대화체도 하나의 단락 개념이다. 논문이나 논술문을 쓸 때는 피하는 것이 좋지만 생활문, 기행문 등 경험을 서술하는 글에서는 너무 남발하지 않는 수준에서 적당히 활용하면 좋다.

단락 구분을 하라

단락은 의미 덩어리로 구분하는 것이 좋다. 생각이나 내용의 의미 등이 바뀔 때, 긴 인용문이나 예문을 추가할 때, 그리고 상황, 사건, 시간, 장면 등이 바뀔 때, 대화체로 서술할 때 바꾸어준다. 바꾸어주는 방식은 종결어미 뒤에 그 다음 내용을 이어서 쓰는 것이 아니라 줄을 바꾸어 줌으로써 단락이 바뀌었다는 것을 표시한다.

예문

'내 경험도 책이 될 수 있을까 하는 우려'에 대해 충분히 책의 소재가 될 수 있다고 답하고 싶다. 각자가 경험한 것은 독자에게는 간접 경험이 되며, 그렇기에 어떤 삶도 책의 소재가 될 수 있다. 그리고 그것은 충분히 다른 사람의 관심 대상이 될 수 있다. 자신에게 익숙한 것이 타인에게까지 익숙한 것이 아니기 때문이다. 그렇다면 처음의 질문으로 돌아가자. "무엇을 쓸 것인가?"라는 물음에 부닥치면 자신이 쓰고 싶은 글, 자신이 가장 잘 쓸 수 있는 글을 쓰자. 그것이 무엇인지 모르겠다면 일단 어떤 글이라도 써 보자. 그러면 무엇을 써야 할지 알게 되리라.

A : '내 경험도 책이 될 수 있을까 하는 우려'에 대해 충분히 책의 소재가 될 수 있다고 답하고 싶다. 각자가 경험한 것은 독자에게는 간접 경험이 되며, 그렇기에 어떤 삶도 책의 소재가 될 수 있다. 그리고 그것은 충분히 다른 사람의 관심 대상이 될 수 있다. 자신에게 익숙한 것이 타인에게까지 익숙한 것이 아니기 때문이다.

B : 그렇다면 처음의 질문으로 돌아가자. "무엇을 쓸 것인가?" 라는 물음에 부닥치면 자신이 쓰고 싶은 글, 자신이 가장 잘 쓸 수 있는 글을

쓰자. 그것이 무엇인지 모르겠다면 일단 어떤 글이라도 써 보자. 그러면 무엇을 써야 할지 알게 되리라.

A는 책의 소재에 대한 이야기이며, B는 일단 쓰기 시작하자는 의미가 들어있다.

문장은 가능하면 쉽게, 의미는 선명하게 써라.
하나의 문장에는 하나의 내용만 담아라.

능동형으로 쓰자. '~이 되는', '~시키는'보다는 '~을 하는' 형태로 바꿀 수 있으면 바꾸자.
글을 쓰는 행위는 생각을 문자화시키는 작업이다.
▶ 글을 쓰는 행위는 생각을 문자화하는 작업이다.

글이란 것은 생각이 표현되는 수단이기 때문에
▶ 글은 생각을 표현하는 수단이기 때문에

〈'것, 들'에게 '적, 의'를 품자〉
문장 중에 '것, 들, 적, 의' 이 네 글자를 아예 안 쓴다고 생각하자. 이 글자를 빼면 문장이 더 부드러워 진다. 아예 쓰지 말라는 의미는 아니며

지구에 산 기념으로 책 한 권은 남기자

가급적 안 쓰려고 노력해야 한다는 말이다.

이상으로 글쓰기에 주의할 점 몇 가지를 서술했다. 이러한 것은 '한글 맞춤법 검사기'가 잘 걸러주지 못하는 것들이다. 그렇다면 처음에 제기한 문제로 돌아가자.

"문법을 모르는데 어떻게 글을 써요?"
라는 질문에 대해 다음과 같은 답을 할 수 있다.
"몇 가지만 알아도 글을 쓰는 데는 아무 지장이 없다."

라고 답해줄 수 있다. 글을 쓰다보면 문법은 자연스레 체득하게 된다. 글을 쓰다 문법에 맞는 표현인지 애매한 경우가 생기면 필자는 바로 다음이나 네이버를 통해 검색한다. 그러면 대부분 답을 얻을 수가 있다. 답을 얻지 못하는 상황이면 그 표현을 쓰지 않으면 된다. 글을 다 쓰고 난 뒤에 퇴고를 할 때, '한국어 맞춤법 검사기'를 통해 확인하는 과정에서 대부분 문법 오류들이 걸러진다. 문법 오류를 검사하면서 자신이 몰랐던 부분을 많이 알게 되기도 한다. 그렇게 알게 된 것은 다음 책을 쓸 때 감안하여 쓴다.

- 한 문장은 60자를 넘지 말자.

- '~것이다.' 라는 종결형은 가능하면 피하자.

- 글 속에 '나'를 뺄 수 있으면 빼는 것이 좋다.

- 글 속에서 접속사를 빼도 말이 되면 빼는 것이 좋다.

- 대화체 " "는 적절히 활용하는 것이 좋다.

- 단락 구분을 하라.

- 문장은 가능하면 쉽게, 의미는 선명하게 써라.

- 하나의 문장에는 하나의 내용만 담아라.

- 능동형으로 쓰자. '~이 되는' 보다는 '~을 하는' 형태로 바꿀 수 있으면 바꾸자.

- 〈'것, 들'에게 '적, 의'를 품자〉

글을 시작하여 완성하는 과정

1. 글 쓰는데 필요한 두 가지

글을 쓰는 데는 재능이 필요한 것이 아니라 어떤 평계도 극복할 수 있을 마음 자세가 필요하다. 그리고 글 쓸 시간을 의도적으로 만들어야 한다. 글을 쓰고 싶다는 생각은 많은 사람이 하는 공통적인 생각이다. 하지만 누구는 글을 쓰고 누구는 글과는 담을 쌓고 살아간다. 많은 사람이 글을 써 보겠다는 생각을 넘어 글을 쓰는 시도를 한다. 하지만 누구는 성공하여 계속 글을 쓰고 누구는 쓰다 말다 하다가 결국

"난 글을 쓰는 재능이 없어."

하고 포기한다. 그 차이는 무엇일까? 글을 쓰겠다는 마음의 준비가 미약하기 때문이다. 마음의 준비가 미약하다는 것은 글의 필요성을 절실히 느끼지 못했기 때문이다. 다른 말로 하면 글쓰기에 대한 동기부여가 제대로 되어있지 않았음을 뜻한다. 글을 쓰다가 힘이 들면 스스로 평계를 만든다. '글을 쓰지 않고도 살아가는 데는 지장이 없어. 이제껏 글을 쓰지 않고도 잘 살았는데 뭐. 살아온 대로 그냥 살아가면 되지. 역시 글은 아무나 쓰는 것이 아니었어. 누구나 글을 잘 쓸 수 있고, 책을 낼 수 있다는 것은 말도 안 되는 소리야.'

그러고는 글쓰기를 포기한다. 또한, 글 쓸 시간을 만들지 못한 경우이다. 글을 잘 쓰기 위해서는 글 쓰는 시간을 만들어야 한다. 매일 일정한 시간을 정해 두고 쓰는 것이 효과적이다. 습관이 되어야 한다. 후천적으로 생기는 글쓰기 유전자를 세포 속에 심어야 한다. 시간을 만들지 못하면 글쓰기를 할 수가 없는 것은 당연하다. '지금 너무 바빠. 나중에 시간 날 때 그때 글도 쓰고 책도 내자.'며 미룬다. 지금 나지 않는 시간이 나중에 날 리 만무하다.

책을 내려면 글쓰기를 할 줄 알아야 함은 당연하다. 말로 책을 만들수는 없는 노릇이다.

지구에 산 기념으로 책 한 권은 남기자

2. 메모를 하자.

글을 잘 쓰기 위해서는 쓸 거리가 있어야 한다. 일상생활을 하다 보면 머릿속을 스치고 지나가는 영감이 떠오르기도 하고, 이것을 글로 쓰면 좋겠다는 생각이 들기도 한다. 또한, 대화하는 과정에서 글 쓸 거리를 많이 찾을 수 있다. 그리고 책을 읽는 과정에서도 좋은 생각이 떠오른다. 그때 그것을 메모해두어야 글 쓸 거리가 생긴다. 글 쓸 거리를 만들어두지 않고 글을 쓰려고 책상 앞에 앉으면 막연해진다. 무엇을 쓸지 생각하는데 머리를 짜며 시간을 다 소모해 버리게 된다. 이런 것들이 반복된다면 지치게 된다. 처음에 글을 쓰기 위해 아무리 독한 결심을 해도, 글을 쓸 시간을 아무리 만들어도 글이 써지지 않으면 포기하게 된다. 그런 상황을 만들지 않으려면 평소에 메모하는 습관을 길러야 한다. 메모 수첩과 볼펜을 들고 다녀도 좋고, 가방 안에 낙서처럼 쓸 수 있는 노트를 넣어두는 것도 하나의 방법이다. 이도 저도 아니면 개인 밴드를 만들어 일상생활을 하는 중, 글 쓸 거리가 머리에 떠오를 때마다 핵심 단어만 몇 개 올려두는 것도 하나의 방법이다.

3. 매일 어떤 것이라도 쓰자.

글 쓸 시간을 만들어 놓고 매일 어떤 것이라도 쓰자. 소재를 미리 생각했다면 글이 줄줄이 써질 것이다. 잘 쓰려고 생각하지 말고 생각의 흐름에 손가락을 맡기자. 글은 볼펜으로 써도 좋지만, 필자의 경험에서 보면 노트북을 사용하는 것이 효율적이다. 물론 이것은 사람의 취향에 따라 다르다. 휴대폰으로도 글을 잘 쓰는 사람도 본 적이 있다. 하지만 노트북으로 쓰면 쓴 글을 수정하기가 편하며, 볼펜으로 쓸 때보다 생각을 글로 표현하는 속도도 빠르다. 글의 분량 측면에서 효율성이 있다. 그래서 가능하면 노트북이나 컴퓨터로 글쓰기를 권장한다.

하루도 빠지지 않고 글을 쓰기를 권하고 싶다. 그래야 글쓰기가 몸 일부가 된다. "하루라도 책을 읽지 않으면 입에 가시가 돋는다."는 도산 안창호의 말처럼 하루라도 글을 쓰지 않으면 머리에 가시가 돋는다. 무엇을 새로 시작할 때 가장 중요한 것은 그것을 습관으로 만드는 것이다. 그래서 매일 어떤 것이라도 써야 한다.

4. 쓴 글을 고치자.

글이 되든지 그렇지 않든지 쓰다 보면 어느 정도 글의 분량이 된다. 처음부터 완벽하게 잘 쓴다는 것을 기대하지 말자. 매일 일정 기간 글을 쓰다 보면 자기 생각을 표현하기에 편한 분량이 생긴다. 그럴 때 쓴 글을 고치자. 그러다 보면 앞에 막 써둔 글도 고쳐야 할 부분이 보인다. 글에는 완성도가 있다. 처음부터 완성도 높은 글에 얽매이다 보면 지치게 된다. 글의 분량이 늘어나지 않는다. 처음에는 생각을 활자화하는 것에 의미를 두어야 한다. 활자화된 생각을 눈으로 보면 허점이 보이게 되고 그것을 재배열하면서 맞춤법에 맞게 고치면 완성된 글이 된다. 완성된 글이 계속 쌓이게 되면 어느 정도 시간이 지나게 되면 상당한 분량의 자신이 쓴 글을 가지게 된다.

5. SNS에 올리며 반응을 보자.

그런데 자신이 쓴 글이 잘 된 글인지 잘못 쓴 글인지 판단이 잘 안 될 것이다. 자신이 쓴 글에 만족할 수도 있지만, 그것은 자기만의 생각이다. 객관화시키는 과정이 필요하다. 잘 된 글은 다른 사람이 이해할 수 있어야 하고 공감이 필요하다. 어차피 일기가 아닌 이상, 글은 다른 사람에게 보여주는 것을 전제로 한다. 예전에는 글을 쓴 후 친구나 선생님에게 보여주며 반응을 살폈지만, 요즈음은 SNS라는 편리한 매체가 있다. 필자의 경우에는 페이스북이나 밴드, 카스 등에 글을 올리고 댓글을 살핀다. 좋은 글은 많은 댓글이 달리며 반응이 좋지만, 그렇지 않은 글은 댓글도 많지 않다. 한두 번 올리다 보면 어떤 글이 좋은 글인지 자신이 판단할 수 있게 된다. 즉 글을 써나가야 할 방향이 잡힌다는 말이다.

6. 다시 수정하자.

글의 방향이 잡히면, 기존에 쓴 글을 다시 한번 수정하는 과정을 거치자. 그러면 처음에는 생각지도 못한 것들이 떠오르게 된다. 이런 과정을 반복하는 것이 글의 내공을 올리게 된다. 그러다 어느 시점이 되면 자신의 글 실력이 상당히 나아졌다는 것을 스스로 느끼게 된다. 수정하는 작업에서 많은 것을 스스로 터득하게 된다. 퇴고는 많이 하면 할수록 글의 완성도가 올라간다. 이 작업을 글다듬기 작업이라고 말한다. 조각하는 것에 비유하자면 군더더기를 없애는 작업이다. 아주 세부적인 군더더기를 없앤다고 생각하면 완성된 비너스 조각처럼 예술의 경지에 오를 수 있다.

7. 완성된 글을 주제별로 분류하여 저장하자.

이런 작업을 거쳐 글은 완성된다. 완성된 글은 주제별로 저장을 해두자. 큰 주제의 이름이 하나의 파일이 되고 그 파일 속에 글의 제목을 정해서 저장하면 자연스레 한 권의 책 분량의 글을 보유할 수 있게 된다. 이렇게 해 두면 책을 낼 때 아주 편리하다. 필자는 책 한 권을 쓰는데 한 달 이상 걸린 적이 없다. 왜냐하면 이렇게 써둔 글이 아주 많기 때문에 어떤 주제의 글을 쓰던지 기존에 써둔 글을 가져오면 되기 때문이다.

—
지구에 산 기념으로 책 한 권은 남기자

TIP14 글을 시작하여 완성하는 과정

- 글 쓰는데 필요한 두 가지 : 마음가짐과 글을 쓰기 위한 시간
- 메모를 하자 : 메모 수첩, 메모 노트, 핸드폰, 밴드 등에 간단하게 기술
- 매일 무엇이라도 쓰자 : 글은 습관이 쓰게 만든다.
- 쓴 글을 고치자 : 1차 퇴고이다. 맞춤법, 글의 흐름, 군더더기 등을 살피자.
- SNS에 올리며 반응을 보자 : 댓글을 보면서 자신의 글에 대해 객관적인 분석을 하자.
- 다시 수정하자 : SNS 반응을 검토하여 최종적으로 퇴고하자.
- 완성된 글을 주제별로 분류하여 저장하자 : 주제별 파일을 만들고 그곳에다 글을 모으자.

지구에 산 기념으로
책 한 권은 남기자

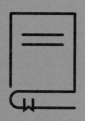

책 쓰기는 대세다

글을 읽는 사람과 글을 읽지 못하는 사람이 있는 시대를 거쳐, 현재는 책을 읽기만 하는 사람과 책을 쓰기도 하는 사람으로 분류하는 시대가 되었다. 현재는 작가가 그리 많지 않지만, 앞으로는 현재보다 더 많은 사람이 책을 낼 것이며, 책을 내는 것이 대중화 될 날이 멀지 않았다. 어쩌면 책을 내지 않는 사람은 과거의 문맹자와 같은 취급을 받게 되지나 않을까? 물론 비약적인 생각일 수도 있겠지만 그렇게 되지 말라는 법도 없다.

중세 시대에는 글을 아는 사람이 지금처럼 많아질지 상상이나 했겠는가? 왜냐하면 그때는 글을 몰라도 살아갈 수 있는 시대였기 때문이다. 하지만 지금은 글을 모르고 살아가기란 여간 불편하지 않다. 그런 의미에서 본다면 그리 머지않은 미래에는 책을 내지 않고 살아가기가 지금 글을 모르고 살아가는 것과 같이 불편한 일이 되는 것은 아닐까? 비약이 있는 생각임을 알지만, 책 쓰기가 그만큼 중요해졌다는 말을 하고 싶은 것이다.

그런 조짐이 많이 보인다. 책을 낸 사람은 작가 대우를 해 주는 등 사회에서 인정을 해준다. 또한, 보이지 않는 인센티브를 가질 수도 있다. 책을 내는 것은 자신이 가진 정보를 다른 사람과 공유한다는 사회적인 의미와 베스트셀러가 되면 얻게 되는 실질적인 소득과 전문가로서 인정받는 혜택 등, 셀 수 없이 많은 가치를 지니고 있다.

그 때문인지 현대에는 많은 사람이 책을 내고 싶어 한다. 하지만 우리나라의 현행 교육시스템에서는 책을 내는데 필요한 교육을 받지 못한다. 책 내기는 고사하고 제대로 된 글쓰기 교육조차 받지 못하는 게 현실이다. 글쓰기가 중요한 것은 아이들도 다 알고 있는 사실이다. 그런데 교육과정에 글쓰기가 없다는 것은 무엇을 의미하는가? 혹 글쓰기는 배우지 않아도 글만 알면 자연스럽게 되는 것으로 생각한 탓일까?

그러다 보니 성인이 되어도 제대로 된 글쓰기를 하지 못한다. 책을 쓰려면 글쓰기가 되어야 하는데, 글쓰기가 되지 않으니 책을 내고 싶어도 내지 못하는 것이 현실이다. 또한 글쓰기가 된다고 해서 바로 책을 쓸 수 있는 것도 아니다. 책을 내는 데는 그에 필요한 방법을 아는 것이 뒷받침되어야 한다. 정규교육과정이 이러한 필요를 충족시키지 못하다 보니 책을 내고 싶은 사람은 사설 기관을 찾을 수밖에 없다. 그런데 하나같이 사설 기관의 책 쓰기 수강 가격이 만만치 않다. 5백만 원이 넘는 곳도 있고, 천만 원이 넘는 곳도 있다. 그렇다고 그 수강을 들은 사람이 모두 책을 낼 수 있는 것도 아니다. 책을 내든지 그렇지 않든지 강의만 해주고는 그것으로 끝이다. 그 다음은 수강을 들은 사람의 몫이다. 아무리 비싼 돈을 들여 수강해도 강의하는 사람이 대신 책을 써 주지는 않는다. 써 준다고 한들 그것이 무슨 의미가 있을까?

결국 책은 자신이 써야 한다. 글을 쓰는 방법과 책을 내는 방법을 아무리 비싼 돈을 주고 배워도 쓰지 않으면 무용지물이다.

1인 1책 쓰기 시대가 올 것이다. 창업한 아들에게 말했다.

"책을 써라. 그것은 마케팅에 유효하다. 책을 쓴 사람은 전문가로 인정을 받는다. 네가 쓴 책에 명함을 끼워서 준다면, 너는 그 분야에 대해 신뢰받을 수 있는 사람이 된다. 책을 내면, 내지 않았을 때보다 여러 측면에서 유리하다."

아직 책을 낸 사람은 그리 많지 않다. 하지만 가까운 시간 내에 책 쓰기는 선택이 아닌 필수가 될 것이다. 책 쓰기는 대세가 될 것이다. 지금 바로 책 쓰기를 시작하여, 책 쓰기가 대세인 가까운 미래를 선도하는 작가가 되어보길 권한다.

TIP15 1인 1책 시대

책을 내지 않은 사람은 책 문맹이 될 수도 있다.

책을 내면 좋은 점이 수도 없이 많은데

왜 내지 않는가? 당신도 책을 낼 수 있다.

"블루투스 너 마저도"라는 시이저의 말처럼

가까운 주변의 친구가 책을 내면 "너 마저도"라는 말을 하게 되리라.

그렇기에 지금 바로 시작하라.

지구에 산 기념으로
책 한 권은 남기자

인생에는 터닝 포인트가 있다. 터닝 포인트라 하기도 하고 변곡점이라 하기도 하는데, 어떤 일을 계기로 인생의 방향이 바뀌는 걸 의미한다. 취업이라는 것이 변곡점이며, 결혼이라는 것이 그렇다. 그리고 사람마다 터닝 포인트는 다 다르다. 그런 의미에서 책을 내는 것은 하나의 터닝 포인트가 될 수 있다. 책을 내기 전과 책을 낸 후에는 삶의 많은 부분이 달라지기 때문이다. 한 권의 책을 낸다는 것은 박사 학위만큼, 혹은 그 이상의 가치를 지닌다.

책을 내면 아무리 적어도 기본적으로 100명은 그 책을 읽는다. 내용에 따라서는 1,000명을 읽을 수도 있으며, 베스트셀러가 되어 10,000명 이상이 그 책을 읽을 수도 있다. 그런데 박사 학위 논문을 썼다면 몇 명이나 읽어줄까? 읽는 사람의 수로 책의 가치를 따질 수는 없겠지만, 읽는 사람의 수가 많다면 그만큼 자신을 많이 알릴 수 있다. 논문이나 책을 쓴다는 것은 다른 사람이 읽어준다는 것이 전제된다. 소수의 전문가만을 위한 논문보다는 다수의 사람이 읽어주는 책이 독자의 수적인 측면에서 본다면 더 가치가 있지 않을까?

박사학위 논문에는 그 분야에 대한 지식의 엑기스가 집약되어 있고, 한 권의 책에는 작가가 말하고자 하는 것이나 경험의 엑기스가 들어있다. 그 엑기스는 어느 것이 더 중요하다고 말할 수 없는, 즉 비교의 대상이 될 수 없는 자체로서의 가치를 지닌다. 하지만 읽는 독자의 수는 비교의 대상이 될 수 있다. 그렇기에 한 권의 책의 가치는 박사학위에 버금간다고 할 수 있다. 어쩌면 많은 책이 그 이상의 가치를 지닌다고도 할 수 있다.

박사가 되기는 쉽지가 않다. 수많은 시간과 노력, 비용을 필요로 한다. 하지만 책을 내는 일은 박사논문을 쓰는 것보다는 쉽다. 왜냐하면 모든 사람은 자기 자신에게 만큼은 누구보다 더 전문가이기 때문이다. 자신의 경험은 자신만의 것이며, 누구도 자신만큼 자신을 더 잘 알 수는 없다. 그렇기에 자신의 고유 경험을 스토리로 쓰면 그것은 독창적인 것이 되며, 독자에게는 간접 경험이 됨을 의미한다. 경험에는 직접 경험과 간접 경험이 있다. 책을 읽는 행위는 독자가 간접 경험을 하는 것을 의미한다. 책을 많이 읽자는 말을 많이 한다. 다른 말로 바꾸면 간접 경험을 많이 하자는 말이 된다. 자신의 경험이 다른 사람의 간접 경험이 된다면 그것 자체로 의미 있는 일이 아니겠는가?

책을 낸다는 것은 그 분야에 전문가가 됨을 의미한다. 스펙이 중요한 현대 사회에서 책을 낸다는 것은 그 자체로써 스펙이 된다. 요즈음은 스펙을 쌓기 위해 비싼 돈을 들여 외국으로 유학을 하러 많이 간다. 그에 빗대어 필자는 아들에게 종종 이런 말을 한다.

"책을 쓰라. 그것은 외국 유학 가는 것보다 더 훌륭한 스펙이 된다."

책을 내면 일단은 작가라는 스펙을 갖게 된다. 우리 사회에는 작가라는 것이 지니는 사회적 통념이 있다. 그 통념에는 사회적 지위 내지는 위상이 포함되어있다. 필자가 책을 낸 후 지인이나 SNS에 그 사실을 알리면 대부분 사람의 반응은 "대단하다"이다. 그렇다. 책을 내는 것은 대단한 일에 속한다. 하지만 그런 "대단한 일"을 한다고 생각하는, 책을 내는 일은 대단한 사람만이 할 수 있는 일이 아니다. 누구나 책을 쓸 수 있다. 왜냐하면 앞에서도 이야기했듯이 자신에 대해서만큼은 세상 누구보다 자신이 최고의 전문가이기 때문이다. 자신이 겪은 경험을 글로 쓰면 그것은 대단한 일이 된다.

책을 내면 좋은 또 다른 이유는 베스트셀러 작가가 되면 수입으로 직결이 되며, 명성을 얻을 수도 있다. 그것만이 아니더라도 다른 사람에게 좋은 정보를 줄 수 있다는 사회적인 의미도 지니며, 자신이 하고 싶은 말을 책을 통해 할 수도 있다. 자신이 어떤 분야의 전문가라면 책을 낸 전문가와 그렇지 않은 전문가 사이엔 눈에 보이지 않는 그레이드에서 차이가 난다. 필자는 관공서의 스토리텔링 프로젝트에 글을 쓴 적이 있다. 그 이력서에는 저서를 적는 난이 있다. 관공서 프로젝트 일을 수주할 때 저서는 가산점이 부과되어 실질적인 도움이 된다. 이 말은 국가에서도 책을 내지 않은 사람보다 책을 낸 사람을 더 인정을 해 주는 것을 의미한다.

초보자가 책을 낸다는 것에는 부담이 있을 수밖에 없다. 무엇을 어떻게 써야 할지 모르고 책 한 권의 분량에 대해 겁을 먹는다. 하지만 쓸 수 있다는 자신감을 가지고 포기하지 않는다면 누구나 책을 쓸 수 있다.

"일생에 한 권은 책을 쓰자!"
일본의 철학자 '모리 신조'가 한 말이다.
"호랑이는 죽어서 가죽을 남기고 사람은 죽어서 이름을 남긴다."
라는 잘 알려진 속담도 있다. 이름을 남기는 가장 손쉬운 방법이 책을 남기는 일이다. 사람은 죽어도 책은 남기 때문이다. 그래서 이런 말을 하고 싶다.

"지구에 산 기념으로 책 한 권은 남기자."

TIP16 지구에 온 기념으로 책 한 권은 남기자

우리가 살고 있는 별의 이름은 지구다.

언젠가 우리는 이 별을 떠나야 한다.

숱한 삶의 갈등과 숱한 기쁨이 얽힌 삶.

떠나고 나면 무엇이 남을까?

살다간 흔적이 아무것도 없다면

삶은 얼마나 허무해지는가?

그냥 갈 수는 없는 일이다.

남겨진 자에게 무엇이라도 남기고 가자.

지구에 남겨진 자를 위해 가장 가치 있는 선물이

당신이 남긴 책 한 권이다.

그 어떤 선물보다 귀한 선물이 된다.

하고자 하는 마음이
시간을 만든다

많은 사람이 자기계발서를 적고 싶어 하거나, 자서전을 쓰고 싶어 한다. 하지만 글쓰기에 자신이 없으면 그런 것은 그림의 떡이다. 글을 쓰지 못하는데 어떻게 책을 출판할 수 있을 것인가? 글을 잘 쓰는 사람이라면 얼마든지 책을 쓸 수 있다. 자신이 살아온 과정을 책으로 내어 여러 사람이 읽고 공감한다면 얼마나 보람된 일이 될까? 사람의 수명은 유한하지만, 책은 무한하다. 육체는 죽어 없어지지만, 육체에 머물러 있던 정신은 책 속에 담겨 언제까지나 살아있게 된다.

책 쓰기는 어려운 것이 아니고 누구나 쓸 수 있다. 하지만 책을 쓰는 사람은 그리 많지 않다. 책을 쓸 생각이 없거나 쓰기가 귀찮은 것이

다. 시간이 없어 책을 쓰지 못한다고 말하지만, 그런 사람은 시간이 있어
도 쓰지 못한다. 이상한 법칙이 하나 있다. 책 쓸 시간이 없다고 생각하
는 사람이 책을 쓰기 시작하면, 이상하게도 책을 쓸 시간이 생긴다는 점
이다. 시간이 있어 책을 쓰는 것이 아니라, 책을 쓰면 책 쓸 시간이 생기
게 된다. 결국 책을 쓰려고 책상 앞에 엉덩이를 붙이고 앉을 수 있느냐
의 문제이다. 책은 머리로 쓰는 것이 아니라 엉덩이로 쓴다.

처음에는 습관이 되지 않아 글을 쓰기가 어렵게 느껴질 수 있다. 하
지만 어느 정도 글을 쓰다 보면 스스로 글쓰기에 대한 감각을 익히게 된
다. 특별한 재능이 있어야만 가능한 것이 아니다. 육체적인 운동처럼 전
신을 움직이지 않아도 된다. 단지 손가락만 움직일 수 있으면 글을 쓸
수 있다.

글쓰기를 어려워하는 많은 사람은 자신이 쓴 글이 문장이 되지 않을
까를 염려한다. 그런 걱정은 하지 않아도 된다. 겁먹지 말고 책 쓰기에
도전하라. 작가가 아닌 평범한 사람이 책을 내어 베스트셀러 작가가 된
경우도 많다. 필자는 돈을 많이 벌어 경제적인 여유가 생길 때 책을 내
려고 했다. 하지만 언제나 살림은 빠듯했고 책을 쓸 시간을 낼 수 없었
다. 그래서 생각을 바꾸었다. 글을 써서 경제적인 여유를 만들자고, 발상
의 전환을 했다. 책을 쓰기 전에는 책 쓸 시간이 절대 없다고 생각했는
데, 책을 쓰기 시작하자 이상하게도 책 쓸 시간이 생겼다. 이 일을 겪으

며 필자는 무엇을 하는데 필요한 시간은, 하고자 하는 마음이 만든다는 것을 깨닫게 되었다.

책을 내는 것의 필요성을 절감한 사람은 잠자는 시간이 아깝다. 술 마시는 시간은 더욱더 아깝다. 책 쓰는 것이 모든 것의 우선순위가 된다. 베스트셀러는 유명한 작가만이 내는 것이 아니다. 그 유명한 작가도 처음에는 무명작가부터 출발했다. 누구라도 베스트셀러 작가가 될 수 있다.

베스트셀러가 되어 자신의 좋은 경험과 생각, 지식 등을 다른 사람과 공유하여 세상이 좀 더 나아진다면 사회에 큰 유익이다. 또한 좋은 책은 후대에도 영향을 미친다. 우리는 전 시대에 많은 위인이 쓴 책을 통해 많은 것을 배웠다. 그 위인 중의 한 명으로 남게 된다면 얼마나 의미 깊은 일이 되는가. 남는 것은 이것만이 아니라 저작권을 유산으로 자손들에게 물려줄 수도 있다.

TIP17 하고자 하는 마음이 시간을 만든다

책 쓸 시간이 없다고 말하는 많은 사람이 있다.

그런데, 책은 시간이 있을 때 쓰는 것이 아니다.

책을 쓰게 되면, 쓰는 시간이 생긴다.

114
—

결국 하고자 하는 마음이 시간을 만든다.

경제적인 여유가 되지 않아 책을 못 쓴다 말하는 사람이 있다.

발상의 전환을 하자. 책을 쓰면 경제적 여유가 생긴다.

내가 살아온 이야기를 적는다면
소설 책 10권은 될 거다

"책 한 번 써 보는 것이 어때요?"
라고 누군가에게 권유를 하면
"글을 못 쓰는데 어떻게 책을 써요?"
하고 되묻는다.

이 대화에는 많은 의미가 포함되어 있다. 먼저 질문의 의미를 살펴 보자. 책을 써 보라고 권유하는 사람이 책을 써 본 사람이라고 가정하 면, 그 사람은 어떻게 하면 책을 낼 수 있는지 알고 있는 사람이다. 자신 의 삶이나 지식을 글로 써서 어떻게 하면 책을 출간하는지 경험을 통해 알고 있다는 말이다. 책을 출간한 경험이 있기에 상대방도 자신처럼 하면 책을 출간할 수 있다고 생각한다. 그 생각은 틀린 것이 아니다. 출간한 경험을 통해 책 쓰기의 과정을 알고 있다. 그 과정을 세분화하면, 첫째, 무엇을 쓸 것인가를 정하고, 둘째, 어떤 목록으로 구성하고, 셋째, 그 목록을 하나씩 글로 자세하게 쓰고, 넷째. 퇴고를 하고, 다섯째, 출판사에 투고하고, 여섯째, 출간하는 것으로 말할 수 있다.

권유를 받은 사람은 어떻게 책을 출간하는지에 대한 경험이 없기에 그저 막연하다. 그것을 세분화하면 첫째, 무엇을 써야 하는지를 모르고, 둘째, 어떻게 써야 하는지를 모르고, 셋째, 제목은 어떻게 정해야 할지 모르고, 넷째, 목차 작성은 어떻게 해야 할지 모르고, 다섯째, 대상 독자는 누구를 해야 할지, 여섯째, 퇴고는 어떻게 해야 할지, 일곱째, 출판사와 어떻게 연결하는지를 모르는 것으로 정리할 수 있다. 그중에서도 가장 어려워하는 것이 글을 쓰는 거다.

언어란 말과 글로 구성되어 있다. 말은 잘하는데, 글을 쓰라고 하면 어려워한다. 글에는 문어체와 구어체가 있다. 말을 녹음하여 글로 옮기면 구어체가 된다. 구어체를 문어체로 옮기는 것은 어려운 일이 아니다. 즉 말을 할 줄 아는 사람이라면 누구나 글을 쓸 수 있다. 요즈음은 말을 하면 바로 글로 찍히는 앱도 개발이 되어있다. 그것을 활용하면 유용하다. 그렇다면 말하는 것에 장애가 있는 사람은 글을 쓸 수 없는가? 아니다. 의사 표현을 할 수 있는 사람이라면 누구나 글을 쓸 수 있다. 그런데 왜 글 쓰는 것을 어려워할까? 그것은 무엇을 어떻게 써야 할지를 모르기 때문이다. 우리는 흔히 이런 말을 듣는다.

"내가 살아온 이야기를 적는다면 소설 책 10권은 될 거다."

하지만 정작 쓰라고 하면 쓰지 못한다. 살아온 이야기를 적는다면 소설 책 10권만 될까? 100권도 더 된다. 글을 쓰는 능력이 부족해서일까? 맞다. 하지만 책 쓰기에서는 글을 쓰는 능력보다 더 중요한 것이 있다. 그것은 글을 쓰기 위한 시간을 만드는 거다. 글쓰기 능력은 하루아침에 되지 않는다. 하지만 연습을 하면 책 쓰기에 필요한 글쓰기 실력 정도 익히는 데는 그리 오랜 시간을 필요로 하지 않는다. 즉 단시일 내에 글을 쓰는 능력을 갖출 수가 있다는 말이다.

자기 생각을 문장으로 풀어내는 것은 그리 어려운 일이 아니다. 처음부터 마라톤을 뛰려하기 때문에 글쓰기가 어렵다. 짧은 문장부터 반복하여 분량을 늘리면 된다. 독일 외무부 장관이었던 요쉬카 피셔의 '나는 달린다.'라는 책을 읽고 필자도 마라톤을 한번 해보자고 결심한 적이 있다. 그는 날마다 뛰는 거리를 늘려 달리기를 한 결과, 결국은 마라톤 완주에 성공했다. 그 책 맨 끝에 나오는 말이

"먼저 한 걸음을 내딛어라."

지구에 산 기념으로 책 한 권은 남기자

였다. '다른 것도 아니고 단지 한 걸음을 못 내딛으랴!'라고 생각하며, 먼저 한 걸음을 내딛었다. 우리 집 근처에 초등학교가 하나 있다. 운동장을 한 바퀴 돌면 150m 정도가 된다. 첫 날은 운동장 5바퀴 뛰는 것도 힘이 들었다. 숨을 헐떡이며 걷다 뛰다를 반복하면서 겨우 다섯 바퀴를 돌았다. 그 다음 날은 한 바퀴를 더 늘려 6바퀴를 돌았다. 그 다음 날엔 7바퀴. 그러자 종아리에 알이 배겼다. 뛰는 것도 더 어려워 뛰는 것보다는 걷는 것이 더 많았다. 그래도 참고 그 다음 날엔 8바퀴를 돌았다. 매일 한 바퀴씩 늘려갔다. 그렇게 한 달이 지나자 30바퀴를 돌 수 있었다. 몸과 정신이 습관으로 된 것이다. 최종적으로 130바퀴 정도를 뛰었다. 아마도 20km 정도가 되었으리라.

그러다 현대중공업에서 개최한 산악 마라톤 11.08km를 완주했고, 하프 마라톤22.0975km을 10번 정도 완주했다. 시간과 사정이 맞지 않아 정식 마라톤 대회 완주는 하지 못하였지만, 44km 정도를 뛴 적도 있었다. 처음부터 마라톤을 완주하라고 했다면 하지 못했다. 하지만 조금씩 양을 늘려 뛰다 보니 결국은 마라톤 거리보다 더 긴 거리를 달릴 수 있었다. 글도 마찬가지다. 처음엔 문장을 아주 짧게 적으면 된다. 그것에다 자신이 의도하는 말을 추가해 나가거나, 짧은 두 문장을 연결하여 나간다면 자신이 원하는 완성된 하나의 문장을 적을 수 있다. 하루에 한 문장씩이라도 늘려 가면 된다.

그리고 한 문장, 두 문장 이렇게 적다 보면 단락을 적을 수 있고, 한 단락 두 단락을 적다 보면 한 편의 완성된 글을 적을 수가 있다.

이쯤에서 본래의 내용 '글을 쓸 수 있는 시간을 만들어라'로 돌아간 다면, 달리기를 예로 들었으니 덧붙이고자 한다. 150m, 즉 운동장 한 바 퀴를 도는데 걸리는 시간이 얼마가 걸릴까? 아무리 초보자라도 1분이 걸리지 않는다. 그렇다면 30바퀴를 달리는데 얼마의 시간이 필요할까? 30분이 걸리지 않는다는 말이다. 글쓰기도 마찬가지이다. 쓰는 방법만 알면 30문장을 쓰는 데 30분이 걸리지 않는다. 물론 쓰는 방법을 모르 면 1시간이 걸릴 수도 두 시간이 걸릴 수도 있다. 참고로 30문장 정도가 되면 A4 반 장이 넘는 분량이 된다. 글은 어차피 퇴고해야 한다. 처음 쓸 때는 글이 나오는 데로 막 써 보기를 권한다. 그렇게 해보면 30분에 A4 용지 한 장 분량의 글을 쓸 수 있다. 그런 다음 문장에 주어와 술어 호응 이 되는지와 어휘 사용은 적절한지를 살핀다. 필요 없는 내용은 삭제하 고, 추가할 내용은 추가하고, 같은 내용은 같은 단락으로 묶는 작업을 한 다. 처음부터 완벽하게 쓰려고 하면 글이 막혀 나오지 않게 된다.

처음에는 문장을 짧게, 생각이 머릿속에 떠오르는 대로 막 써나간다 면 어느 정도 분량의 글이 나오고 그것을 퇴고한다면 잘 되든지 못 되든 지 한 편의 글이 완성된다. 그런 연습을 반복하여 하다 보면, 머릿속에서 정리가 되어 글의 형태로 표현할 수 있는 시점에 도달한다. 그렇게 하기 위해서는 시간이 필요하다. 그래서 글을 쓸 시간을 만드는 것이 글을 잘 쓰는 능력보다 더 중요하다는 말이 성립하게 된다. 글을 쓴 후에 첨삭을 받을 수 있다면 글을 잘 쓰는 데 걸리는 시간을 단축할 수 있다. 주위에 그런 사람이 있는지 한번 찾아보는 것도 글쓰기 능력을 배양하는데 주효하다.

글을 쓰는 시간은 미리 정해서 계획을 잡는 것이 좋다. 아침에 일어나자마자 1시간은 글을 쓴다. 이렇게 정해도 좋고, 저녁 자기 전에 반드시 1시간은 글을 쓰겠다고 정할 수도 있다. 아니면 일을 마치고 난 후 카페에 가서 글을 쓴다든지 나름의 형편에 맞추어 글을 쓰는 시간을 정하고 써야 한다. 책 한 권의 분량은 A4 용지로 100장 내외이다. 하루에 1장씩 글을 쓴다면 100일이면 책 한 권 분량의 글을 쓸 수 있으며, 하루 두 장씩 쓴다면 2달이 채 걸리지 않는다는 말이 된다.

책을 쓰는 것에는 또 하나 중요한 것이 있다. 책을 쓰고야 말겠다는 결심과 꼭 책을 낼 수 있다는 자신에 대한 믿음이다. 이 두 가지만 있으면 누구나 책을 쓸 수 있다. 글을 잘 쓰는 것은 그다음이다. 아무리 글을 잘 쓰는 사람이라도 이런 생각이 뒷받침되지 않는다면 결코 책을 낼 수 없다. 필자는 40년 가까이 글을 써 왔기에 글에 대해서는 어느 정도 자신이 있었다. 하지만 그 동안 책을 내라는 이야기는 수도 없이 들었지만 이러한 믿음이 없었기에 나름의 핑계를 만들어 책 쓰기를 미루었다. 그러다보니 글을 쓴 지 40년이 가까이 되어서야 책을 낼 수 있었다. 덧붙이자면 이 두 가지를 가지지 못했기에 그 동안 책을 내지 못한 것이 된다. 이 글을 읽는 사람이 책을 쓰기로 결심한 사람이라면,

"먼저 한 자라도 적어보라."

-조카 정윤이에게 책 한 권 써 보라고 말했다.

"정윤아 책 한 권 내어 봐."

"이모부, 제가 어떻게 책을 내요? 잘 알다시피 저는 글쓰기는 잘 못해요."

"아니야, 하려는 마음만 먹으면 책을 낼 수가 있어."

"무엇을 어떻게 쓸지를 모르는데 어떻게 책을 내요?"

"그러면 무엇을, 어떻게만 해결되면 책을 낼 생각은 있어?"

"그럼요. 할 수만 있다면 내고 싶어요."

"정윤아, 아이들 이야기를 써 봐. 너는 아이를 무척 잘 키우잖아, 아이들과 함께 하며 무언가도 배우러 다니고, 먼 곳까지 여행도 자주 다니고, 그런 것을 글로 적어 봐. 더구나 너는 카카오 스토리에 올린 글과 사진도 많이 있잖아? 그것을 바탕으로 책 쓰기를 해 본다면 어렵지 않게 한 권의 책을 쓰게 될 거야. 한 권의 책은 아이에게나 너에게는 좋은 추억이 되며, 그 글을 읽는 많은 사람에게도 큰 도움이 될 거야."

TIP18 한 걸음을 내디뎌야 마라톤을 뛸 수 있다

책을 낸 사람은 알고 있으나

책을 낸 적이 없는 사람은 몰라서 막연해 하는 구체적인 내용

첫째 무엇을 쓸 것인가를 정하고,

둘째, 대상 독자는 누구로 하고

셋째, 어떤 목록으로 구성하고,

넷째, 그 목록을 하나씩 글로 자세하게 쓰고,

다섯째, 퇴고하고,

여섯째, 출판사에 투고하고,

일곱째, 출간한다.

마라톤이 한 걸음부터 시작하듯이

책 쓰기도 한 자부터 시작한다.

시간을 정하고 하루에 한 시간이라도 쓰자.

그러면 어느 순간 한 권의 책이 된다.

회사원이라면
보험 드는 셈치고
책 한 권 쓰자

회사 생활은 만만하지 않다. 월급은 '욕값'이라는 말이 있듯이 수도 없이 자존심이 구겨지는 상황을 경험한다. '직급이 깡패다'라는 말도 있다. 상사로부터 부당한 일을 당하고도 항변하기도 어렵다. 업무는 업무대로 스트레스를 준다. 그렇다고 월급은 많지도 않고 먹고 살기 딱 맞을 정도만 받는다. 아니 적자 인생을 사는 회사원도 많다.

그것보다 더 심각한 것은 언제 잘릴지 모른다는 걱정이다. IMF 때보다 더 심각한 경제 상황에서 해마다 구조조정이 일어나고, 회사가 문을 닫을지 모른다는 불안감에서 하루하루 초조하게 살아간다. 회사원이라면 이런 것을 글로 적어 책으로 내어보자. 회사 생활의 힘듦이 고스란히 생동감 있게 표현될 수 있다. 그러면 스트레스는 스트레스에 그치지 않고 글 쓸 거리로 바뀌게 된다. 스트레스조차도 글감이 됨을 의미한다. 글은 남에게 교훈을 주는 의미로 써지기도 하지만, 이런 책은 딱딱하고 공감을 얻기가 쉽지가 않다. 하지만 삶의 호흡이 그대로 살아있는 글은 다른 사람에게 공감을 불러일으키는 좋은 책이 된다.

책을 내자마자 당장 베스트셀러가 되기는 쉽지가 않다. 하지만 베스트셀러가 되지 말라는 법도 없다. 만약 자신이 쓴 책이 베스트셀러가 된다면 그 수입만으로도 회사에서 잘려도 살아갈 수 있다. 즉 정리해고의 두려움을 떨쳐버릴 수 있다는 말이다. 베스트셀러가 되지 않더라도 회사가 마음에 들지 않아 이직을 결심할 때도 그 책은 자신의 훌륭한 스펙이 될 수 있다. 책 속에는 자신의 엑기스가 들어있기 때문에 어떤 경력보다 더 좋은 경력이 될 수 있다. 뿐만 아니라 책을 낸 것 자체가 자신의 경쟁력이 된다. 우리나라는 작가에 대해 우호적인 시각을 가지고 있다. 책을 낸다는 것은 그만큼 능력이 있는 사원으로 인정을 받는 효과를 얻을 수 있다.

아무런 준비 없이 회사에서 정리해고 당해 자영업을 하다가 실패해서 재산을 몽땅 날리고 폐인처럼 살아가는 사람을 많이 보아왔다. 아니 필자가 그랬다. 회사를 그만두고 사업을 시작했다가 실패하여 알코올 중독자가 되었다. 아무런 준비 없이 잘 다니던 회사를 그만두고 나온다면 자신뿐만 아니라 가족까지 걱정하고 잘못되었을 경우 자신은 폭탄이 되어 주변을 초토화한다. 심한 경우 가정이 깨어지기도 하고, 그리고 극단의 선택을 하는 심각한 상황에 부닥치기도 한다. 가족을 사랑한다면 회사에서 정리해고를 당했을 때를 대비한 자신만의 히든카드 하나는 가지고 있어야 한다. 그 히든카드가 책을 내는 것이면 어떨까?

그 히든카드는 자신이 회사에서 어떤 좋지 않은 상황에 부닥쳤을 때 보험 역할을 톡톡히 한다. 아직도 사표를 써서 안주머니에 넣고 다니는가? 사표를 쓰지 말고 책을 쓰자. 보험 드는 셈 치고 책 한 권 쓰자. 스트레스 받을 때 술 마시며 풀기보다는 카페에 노트북을 들고 가서 그날 있었던 일에 대해 글로 적어보자. 그런 생활이 쌓이다 보면 책을 내는 효과뿐만 아니라 자신의 삶을 되돌아보게 하고 분석하게 하여 훨씬 더 경쟁력을 갖춘 인재로 거듭나게 된다.

또한, 책을 쓰는 것은 정년이 없다. 과거보다 평균 연령이 많이 늘어나서 은퇴 후 살아가야 할 시간이 많아졌다. 그 시간을 미리 준비하는 효과도 있다. 은퇴 후에 남은 생에 할 일을 준비하는 사람을 많이 보아 왔다. 하지만 그런 일은 전문직이라고 말하기 어려운 정도다. 하지만 작가란 직업은 죽을 때까지 할 수 있는 직업이다. 그리고 다른 사람에게 존경도 받을 수 있는 직업이다. 책을 내면 직장을 다니는 동안도 투잡의 효과를 누리고 퇴직 후에도 여전히 작가의 지위를 유지할 수 있다.

미루지 말고 당장 시작하자. 시간이 없다는 핑계를 대지 말자. 글쓰

지구에 산 기념으로 책 한 권은 남기자

기만큼은 이기적이 돼라. 아내가 잔소리를 해도 친구들이 욕을 해도 무시하고 글쓰기, 책 쓰기 책을 사서 읽자. 그리고 글을 쓰자. 요즈음 회사원들은 자기 계발을 많이 한다. 퇴근 후에도 어학과 컴퓨터 등을 배우며 자신의 가치를 높이려 안간힘을 쓴다. 책 쓰기는 다른 자기 계발 영역보다 투자한 시간에 비해 성과가 높은 영역이다. 할 수 없다는 핑계를 대라면 수십 가지도 댈 수 있으리라. 그런 핑계 거리를 전부 무시하자. 그리고 퇴근 후 할 일 1순위에 글쓰기를 올려놓자. 생각보다 책 쓰기는 그리 많은 시간이 걸리지 않는다. 한 권을 완성하면 두 권, 세 권은 더 쓰기가 쉽다. 결심이 문제다.

TIP19 책을 쓸 때는 이기적이 되자

책을 낸 회사원은 인재로 인정받는다.

사표 대신 책을 쓰자. 투잡하는 효과가 있다.

자기 계발에 있어, 투자 대비 다른 것보다 더 큰 가치를 지닌다.

유사시 보험을 드는 효과도 있다.

정년 후 뒷방 늙은이가 되지 않고 작가로 살아가자.

그렇기 위해서는

책 쓰기를 우선순위로 두자.

책 쓰기 시간은 무엇에도 양보하지 않는

이기적인 시간이 되어야 한다.

자영업자라면 책은
좋은 홍보 효과를 발휘한다

책 쓰기는 자영업에도 많은 도움이 된다. 가령 인테리어를 하는 사장이 책을 썼다고 하자. 그 책에는 인테리어에 대한 모든 것을 실을 수 있다. 인테리어 업체 고르는 법, 싸게 인테리어 하는 법, A/S 받는 법, 화장실에 들어가는 제품들에 대한 설명, 벽지 고르는 방법, 장판 고르는 방법, 몰딩은 어떤 것이 좋은지, ABS 도어 고르는 법, 새시는 어떤 부분을 유의하여 선택을 해야 하는지, 견적 관련 내용, 싱크대의 종류와 업체 고르는 법, 어떤 수준으로 하면 몇 평의 아파트에 어느 정도의 비용이 들어가는지 등을 적는다면, 그 책은 많은 사람의 선택을 받을 수 있다. 많은 사람이 일생에 한 번은 이사하게 되고, 그때 인테리어를 하는 경우가 대부분이다. 그렇기에 독자층이 아주 넓다고 하겠다. 또한, 인테리어 업을 하면서 겪은 이야기는 훌륭한 살아가는 이야기가 된다.

　주변에 실내장식 하는 사장이 많이 있다. 필자가 예전에 인테리어 사업을 한 경험이 있기에 그때 만들어진 인맥이다. 그 사장들은 요즈음처럼 힘든 때가 없다고 이구동성으로 말을 한다. 하지만 필자는 동의하기 어렵다. 하기에 따라서는 지금이 최적의 기회이다.

　현재 부동산 경기가 침체 상태다. 정부의 부동산 정책이 가격을 안정시키는 데에 초점이 맞추어져 있기에 오르기보다는 떨어질 가능성이 크다. 이런 때는 집이 없는 사람은 집을 사기보다는 전세를 선호한다. 꼭 필요한 경우가 아니라면 떨어질 가능성이 많은 집을 살 리가 만무하다. 집을 가진 사람도 싸게 팔기보다는 수리해서 살다가 오를 때를 기다려 팔려고 한다. 즉 매매가 잘 이루어지지 않는다는 말이다. 또한, 이때는 신축보다는 리모델링하여 살기를 바라는 경우가 많다. 아파트를 지어도 분양이 되지 않으니 짓지 않는다. 예전처럼 짓기만 하면 프리미엄이 붙는 것과는 반대다. 집은 오래 지나면 수리를 해야 한다. 그렇기 때문에 인테리어 업체에 리모델링을 의뢰한다.

　이런 때에 인테리어 전문가인 사장이 위에 기술한 내용을 책으로 내었다고 가정해 보자. 그 사장은 작가의 지위도 가지게 된다. 그러면 책이 팔리는 것은 물론이고 그 책은 인테리어 사장의 훌륭한 명함이 된다. 인테리어를 하는 데에 있어 고객이 가장 우려하는 것이 A/S이다. 하자가 발생했을 때 나 몰라라 하는 업체가 상당수가 있음을 알기 때문이다. 그런데 책을 낸 작가인 사장이 하는 인테리어라면 전문가로서 호감을 가질 뿐만 아니라, 믿음 또한 가질 수 있어 큰 경쟁력이 된다.

인테리어를 하려는 사람은 통상 세 군데 이상 업체에서 견적을 받아보고 결정한다. 만약 견적서와 함께 자신이 쓴 책에 명함을 꽂아 준다면 여러분은 어떤 느낌이 들게 될까? 그뿐만 아니라 책을 내면 자연스레 홍보가 된다. 책을 읽은 사람이라면 그 작가에게 공사를 맡기고 싶어 할 것이며, 금방 소문도 나게 되리라. 인테리어를 예로 들어 자영업에 관해 서술해 보았다. 인테리어뿐만 아니라 다른 자영업에도 마찬가지로 적용되는 부분이 많다.

요즈음은 과거 어느 때보다 자영업자가 힘든 시기이다. 갑작스러운 최저 임금 인상과 불경기가 겹쳐, 경영난을 겪으면서 문을 닫는 업체가 늘어나고 있다. 손님이 떨어졌다고 고민만 하지 말고 자신이 해온 사업의 희로애락을 담은 책을 쓰자. 그러면 그 책을 읽은 사람이 일부러라도 찾아와 고객이 되어주지 않을까? 우리는 영화에 나온 가게가 그 영화 흥행에 힘입어 대박을 터트린 사례를 많이 보아왔다. 영화에 나오기는 어렵다. 하지만 자신이 쓴 책에 자신이 운영하는 사업체를 소개하는 내용은 얼마든지 실을 수 있다. 책이 베스트셀러가 되면 자연스레 사업체는 대박을 터트리게 된다.

TIP20 책은 사업체의 명함이 된다

자영업자 사장이 쓴 책은 훌륭한 명함이 된다.

책을 쓰면 전문가라고 인정을 받게 되며

고객에게 신뢰를 준다.

자연스럽게 홍보가 된다.

사업체에 대해 쓴 책이 베스트셀러가 되면

사업도 대박을 내게 된다.

지구에 산 기념으로 책 한 권은 남기자

누구라도 죽기 전에
책 한 권은 쓰고 죽자

자신이 전문가라면 책을 쓰자. 자신이 경험으로 터득한 전문지식을 알기 쉽게 풀어 책으로 엮는다면 사회에 큰 공헌을 할 수 있다. 우리 주변에는 많은 전문가가 있다. 한의사, 의사, 변호사, 검사, 판사, 경찰, 문화센터 강사, 조경, 꽃꽂이, 네일아트, 미용사, 가죽공방 하는 사람, 도예가 등, 수도 없이 많다. 그런 사람이 자신이 가진 지식을 적어 책으로 만든다면 그것을 읽는 독자에게 큰 도움을 줄 수 있다.

문화센터 강사라면 저서는 큰 도움이 된다. 만약 요가 강사이고 요가에 대한 내용을 책으로 냈다면, 그렇지 않은 강사보다 더 큰 경쟁력을 가질 수 있다. 회원 모집을 할 때, 자신이 낸 저서를 프로필에 기재한다면 어떻게 될까? 요즈음은 100세 시대란 말을 많이 한다. 의사가 100세 시대를 건강하게 살 수 있는 내용으로 책을 쓴다면, 의사는 작가란 타이틀을 가지게 되고 독자는 그 책을 읽고 보다 건강한 삶을 영위할 수 있다. 전문가라면 책을 쓰자. 자신이 체득한 경험을 책으로 쓴다면, 사회적으로 보물이 될 수 있다. 그런 보물을 많이 가진 사회가 좋은 사회이다. 책을 쓰지 않는다면 그 보물은 재가 되어 사라진다.

중소기업 사장이라면, 자신의 성공 이야기나 실패한 이야기를 책으로 쓰자. 그러면 많은 후배가 그 책을 읽고 사장인 작가와 똑같은 실수를 저지르지 않을 수도 있다. 작가가 변호사라면 독자에게 법률적인 도움을 줄 수 있는 책을 쓰면 된다. 법을 몰라 얼마나 많은 사람이 억울한 일을 당하고 살아가는가? 책을 쓴다는 것은 이렇듯 자신과 타인에게 모두 유익한 일이다.

대학교수라면 책을 쓰자. 전문지식을 논문으로만 쓸 것이 아니라, 책으로 쉽게 풀어서 일반인도 읽을 수 있게 하자. 대학교수가 책을 써서 베스트셀러가 된 경우는 아주 많다. 지식 + 경험이 된다면 훨씬 더 설득력이 있게 된다.

전문가가 아닌 평범한 사람이라도 책을 쓰자. 장례식장에서 일한 적이 있다. 장례식장은 울산에도 많이 있다. 전국적으로 확대해서 본다면 하루에도 수많은 사람이 죽어 장례를 치른다. 그것을 보며 '고인들이 살아온 경험을 책으로 적어두었다면 남은 사람에게 얼마나 큰 유익이 될까?'라는 생각을 많이 했다. 얼마나 많은 사람이 한 권의 책도 남기지 않고 죽어 가는가? 생전에 행복한 이야기, 불행했던 이야기, 실패했던 이야기, 사랑과 아픔뿐만 아니라, 자신이 가진 고유한 지식과 경험 등 모든 일이 책으로 남기지 않는다면, 하나도 남김없이 화장되어 재로 날아가게 된다. 얼마나 허무한가? 그것은 한 사람의 인생이 끝남만을 의미하는 것이 아니라 사회적으로도 큰 손실이다. 상주들은 고인과의 이별을 슬퍼하지만, 필자는 기록되지 않는 인생이 슬펐다. 그래서 다음과 같은 말을 하고 싶다.

"죽기 전에 책 한 권은 쓰고 죽자."

언젠가 기회가 된다면 경로당을 찾아다니며 어르신에게서 삶의 교훈이 되는 이야기를 인터뷰하여 책으로 만들 생각이다.

"어르신, 살아오면서 후세에 남길 한 마디만 한다면 무슨 말을 하고 싶은가요?"

이런 질문을 던지고 인터뷰하여 책으로 남긴다면 얼마나 가치가 있을까? 남기지 않고 돌아가면 그것으로 끝이다. 하지만 한 사람의 짧지 않은 세월을 산 경험에서 단 한 가지의 교훈이라도 얻을 수 있다면, 두 사람, 세 사람, 열 명, 백 명의 교훈을 책으로 만들 수 있다면 사회적으로도 큰 보물이 될 수 있다. 기회가 주어진다면 어르신들이 자서전을 쓸 수 있도록 도와주고도 싶다.

TIP21 머리에 있는 생각을 책 속으로 옮기자

전문가라면 자신의 전문지식을 책으로 남기자.

그것은 보물이 되며, 그 보물이 많은 사회가 좋은 사회이다.

중소기업 사장이라면 실패와 성공을 쓰자.

대학교수라면 지식과 경험을 독자들이 알기 쉽게 풀어쓰자.

평범한 사람이라도 책을 쓰자.

쓰지 않으면 죽음과 함께 자신의 인생이 사라진다.

책 속에는 생각을 담는다. 그렇기에

자신은 죽어도 생각은 책 속에 살아남게 된다.

지구에 산 기념으로 책 한 권은 남기자

책 이렇게 쓰자

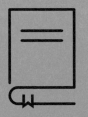

책 쓰기에 필요한
세 가지

첫째, 책을 끝내고야 말겠다는 의지가 필요하다.

책은 누구나 쓸 수 있다고 말했다. 맞다. 하지만 전제가 필요하다. 글쓰기가 어느 정도 되는 사람도 책을 쓰는 것은 쉬운 일이 아니다. 그렇기에 책을 쓰고자 한다면 책을 끝내겠다는 굳은 결심이 선행되어야 한다. 책을 쓰는 것은 단거리 달리기가 아닌 장거리 마라톤에 비유할 수 있다. 책을 내겠다는 사람은 처음에는 자신의 책을 내고 싶다는 욕심이 앞서 시작한다. 그런데 막상 해 보면 글을 쓰는 일이 쉽지 않은 일임을 깨닫게 된다. 누구나 글을 쓰면 막히는 일을 허다하게 겪게 된다. 전문가라도 이것은 피할 수 없는 일이다. 특히 초보자는 글을 쓸 때마다 막히는 경험을 하게 된다. 그럴 때마다 그것을 뚫고 지나가야겠다는 굳은 마음가짐이 없으면 글쓰기를 미루게 되고, 그렇게 하다가 어느 시점이 되면 지쳐 결국 포기하게 된다. 필자는 그런 것조차도 뚫고 지나갈 수 있는 의지가 선행되어야 함을 말하고 싶다. 초보 작가가 포기하지 않고 책을 낸 경우를 수도 없이 보아왔다.

자동차로 서울을 가려고 고속도로를 달리다 보면, 차가 막혀 오도 가도 못 하는 경험을 누구나 한 번쯤은 해 보았을 것이다. 그때 차에서 내려 걸어갈 수는 없다. 기다리면 길은 뚫린다. 책을 쓰겠다는 사람은 고속도로 위에 있는 자동차와 같다. 그런데 길이 뚫리게 되어 달리다 보면 톨게이트로 빠지는 길이 보이고, 전방에는 자동차가 또 밀려있다면 어떤 선택을 하겠는가? 고속도로 달리는 것을 포기한다면 다시 책을 쓰는 도로로 들어서기 어렵다. 나가게 되면 다시 들어올 기약이 없다. 차가 막혀 시간이 좀 걸리더라도 고속도로를 빠져나가면 안 된다. 꾸역꾸역 가다 보면 결국에는 목적지에 도착하게 된다. 국도로 빠지기보다는 참고 가는 길이 더 빠른 길이다.

글을 쓰다 막힐지라도 초고는 끝을 내어야 한다. 그 막힌 길은 초고를 끝내고 다시 들여다보면 쉽게 뚫릴 수 있는 길임을 알게 된다.

둘째, 책을 끝낼 수 있다는 자기 확신이 필요하다.

책을 쓰는 일은 누구나 갈 수 있는 길이지만 결코 쉬운 길은 아니다. 그때 필요한 것이 자기에 대한 믿음이다. 끝을 낼 수 있다고 믿는 자기 확신이다. 포기하지 않으면 누구나 갈 수 있는 길이다. 책을 쓰려고 마음먹고 시작한 사람이라면 누구나 책을 끝낼 수 있는 자질을 가지고 있는 사람이다. 문제는 끝낼 수 있다는 믿음을 가지느냐, 그렇지 못하느냐에 있다. 책을 쓰다 보면 여러 난관에 부딪힌다. 글쓰기도 힘들고 시간도 부족하다. 또한, 이렇게 글을 써서 책이 될까? 직장 일은 처리해야 할 문제가 산더미고, 경조사는 왜 그리 많이 생기며, 피할 수 없는 모임은 또 얼마나 많이 발생하는가? 바쁘다 보면 미루게 되고 미루게 되면 다시 글쓰는 자리로 돌아오기는 배로 힘들어진다. 한 마디로 글쓰기 감을 잊어버려 그것을 되찾는 데는 많은 시간이 필요하다는 말이다. 그때 필요한 것이 책을 끝낼 수 있다는 믿음이다. 그 믿음이 바퀴를 굴려 자동차를 서울로 가게 해 준다. 포기하지 않으면 꼭 서울에 도착할 수 있다. 그런 자기에 대한 믿음이 책을 쓰는 데는 무엇보다 필요하다. 왜냐하면 책은 특별한 사람이 완성하는 것이 아니라, 끝낼 수 있다고 자신을 믿는 사람이 완성한다.

셋째, 출간할 수 있다는 믿음이다.

그런데 처음 책을 쓰는 사람이 공통으로 의문을 가지는 것이 '내 이야기가 책으로 만들어질 수 있을까'하는 의문이다. 물론 안 될 수도 있다. 하지만 단언하건대 90% 이상은 책으로 출간될 수 있다고 생각한다. 안 되는 10%는 다른 책을 베꼈거나 문장이 엉망인 것, 자신의 이야기가 없는 것 등이 해당한다. '내 경험도 책이 될 수 있을까 하는 우려'에 대해 충분히 책의 소재가 될 수 있다고 답하고 싶다. 각자가 경험한 것은 독자에게는 간접 경험이 되며, 그렇기에 어떤 삶도 책 소재가 되지 않는 것은 없다. 그리고 그것은 충분히 다른 사람의 관심 대상이 될 수 있다. 자신에게 익숙한 것이 타인에게까지 익숙한 것이 아니기 때문이다. 사람마다 고유한 생각과 경험이 있기에 그것은 모두 책의 소재가 될 수 있다. 그런 것을 쓰는데 출간되지 않을 이유가 없다. 정 안 되면 자비 출판도 가능하고, 독립출판도 가능하다.

TIP22 책 쓰기에 필요한 세 가지

첫째, 책을 끝내고야 말겠다는 의지가 필요하다.

둘째, 책을 끝낼 수 있다는 자기 확신이 필요하다.

셋째, 출간될 수 있다는 믿음이다.

글은 못 써도 책은 낼 수 있다.

글쓰기 실력이 뛰어나다고 해서 다 책을 내지는 않는다.

책을 내려면 위의 세 가지가 먼저 갖추어져야 한다.

책 쓰기는 몰입을 하며
써야 한다 (나의 책 쓰기)

시간이 많다고 해서 꼭 좋은 책을 쓸 수 있는 것은 아니다. 언제까지 끝을 내겠다는 데드라인을 설정하고, 하루에 어느 분량의 글을 쓰겠다고 정해두고 쓴다면 훨씬 효율적으로 글을 쓸 수 있다. 각자마다 글을 쓰는 스타일이 다르겠지만 필자의 경우는 한 권의 책을 써야겠다고 마음먹으면 몰입을 하여 빠른 시일에 끝을 내는 스타일이다. 이런 스타일이 곧 최선의 방법이라고 할 수는 없지만, 책을 쓰는 데는 유용하다.

바쁜 현대를 살아가자면 숨 가쁘게 움직일 수밖에 없다. 그런 생활에 젖어버린다면 글쓰기는 미루어지기 일쑤이다. 한번 미루기 시작하면 끝이 없다. 그렇기에 시간만 가고 글은 써지지 않는다. 일단 시작했다면 끝을 보는 것이 효율적이다. 잘 쓰든지 못 쓰든지 일단 목표한 분량에 대

지구에 산 기념으로 책 한 권은 남기자

해 끝을 내어놓고 다음으로 넘어가자. 글이 제대로 되지 않았다면 퇴고 시에 다듬으면 된다.

일단 초고를 완성하는 데 의미를 두자. 일단 시작을 하고 시작을 했다면 끝장을 보자. 그것이 책을 쓰는 지름길이다. 일단 글을 쓰기 시작하면 그다음에는 손가락이 알아서 쓴다는 말이 있다. 피아노 연주를 할 때 손가락이 알아서 건반 위를 달린다. 마찬가지로 일단 쓰기 시작하면 그다음에는 손가락이 알아서 자판 위를 달리게 된다. 잘 쓸 수 있는 것부터 쓰자. 어려운 주제부터 쓰기 시작하면, 초반부터 맥이 빠진다. 잘 써지는 글부터 쓰기 시작하면 쓴 글의 분량에 힘입어 다음을 쓰게 된다.

바빠서 글을 쓰지 못하는 사람은 시간이 있어도 글을 쓰지 못한다. 글을 쓰지 않으면 배가 고파야 한다. 인간의 3대 본성이 수면욕, 성욕, 식욕이라고 할 때, 글을 쓰는 것은 제4의 본능으로 만들어야 한다. 즉, 글쓰기를 습관으로 만들어야 한다는 말이다. 매일 쓰겠다는 원칙을 정하고, 글쓰기를 어떤 다른 일보다 먼저 하겠다는, 즉 글쓰기의 지위를 시간의 맨 위에 두라는 말이다. 틈이 날 때마다 쓰자. 그러면 글쓰기에 탄력을 받는다. 필자의 경우를 소개하면,

필자가 글을 쓰는 것을 보고 함께 다니는 친한 후배 명근이는 필자에게 괴물이라는 별명을 붙여주었다. 글쓰기 괴물이 된 셈이다. 이 별명이

무척 좋다. 무언가에 미칠 정도로 몰입할 수 있다는 것은 행복한 일이다. 2017년 10월부터 12월까지 울산 남구청에 들어가 〈울산광역시 남구 20년사〉 중의 300p 분량의 '주요성과 부분'을 적었다. 아침 9시 남구청으로 출근을 하여 오후 6시 퇴근을 했다. 점심시간 1시간을 제외하고는 8시간 동안 앉아서 글만 썼다. 그러던 중 책 쓰기에 대한 책 임승수의 '삶은 어떻게 책이 되는가'를 읽었다. 그 내용 중에는 오마이뉴스에 글을 올리는 내용이 실려 있었다. 오마이뉴스에 글을 올리면 그 글을 보고 출판사에서 출판을 의뢰해오기도 한다는 내용이었다.

그러다 보니 책을 쓰고 싶은 욕망이 생겼다. 그래서 책을 내고야 말겠다는 결심을 했다. 지난 날 수첩에 메모 한 날을 찾아보니, 그날이 2017년 11월 26일이었다. 그날 이후 남구청에서 퇴근하고 난 뒤에는 오마이뉴스에 기고할 글을 썼다. 기사가 채택되면 원고료를 주었기에 동기부여로써는 그만이었다. 오마이뉴스에 필자의 글이 조회 수 10만 회를 넘기는 등 반응이 아주 좋았다. 그리고 2018년 1월에는 이달의 게릴라 기자에 선정되어 상금을 10만 원 받기도 했다. 총 30건 넘는 원고가 채택되었고 원고료를 정산하니 70만 원이 넘었다.

그것을 시작으로 2018년 한 해는 글만 쓰면서 보냈다. 남구청 계약 기간이 끝나고 난 후 실업급여가 나왔다. 책을 내고 싶었기에 아내에게 실업급여 기간에 글만 쓰고 싶다고 말했고, 경제적으로 부유한 상황은

지구에 산 기념으로 책 한 권은 남기자

아니었지만, 아내가 동의해 주었기에 책만 쓰는 생활을 시작했다. 그러던 중 후배 명근이가 이은대 작가의 책 쓰기 강의인 '자이언트 스쿨'을 수강하라고 권유했다. 처음에는 부정적이었다. 글쓰기라면 자신이 있었기에 왜 내가 그것을 들어야 하는지 필요성을 느끼지 못했다. 후배에게

"야, 내가 강의를 했으면 했지, 왜 그걸 내가 들어야 하냐?"

라는 말을 했다. 하지만 후배가 워낙 강권하였기에 결국 듣기로 했다. 그런데 앞서 후배에게 한 말이 자만이라는 사실을 깨닫는 데는 오랜 시간이 걸리지 않았다. 강의를 듣고 보니 글만 잘 쓴다고 해서 책을 내는 것이 아니었다. 책을 내는 방법을 알아야 책을 출간할 수 있음을 알게 되었다. 글쓰기와 책 내는 것은 차이가 있었다. 이은대 작가는 그것을 필자에게 가르쳐 주었다.

그 강의를 듣고 필자는 본격적으로 책을 썼다. 이은대 작가는 40년 넘게 글을 쓰고도 책을 한 권도 내지 못한 무늬만 작가인 필자에게 책을 낼 기회를 선물해 주었다. 그뿐만 아니라 필자의 인생이 바뀌는 변곡점도 선물해 주었다. 강의를 들으며 책을 쓰고 싶다는 생각이 너무나 강하게 들었기에, 앞에서도 잠시 언급을 하였듯이, 첫 책의 초고를 열흘 만에 완성했다. 그리고 또 열흘에 걸쳐 퇴고했다. 그러고 난 후 출판사

에 투고하여 계약을 했다. 그렇게 해서 탄생한 책이 첫 책 〈글쓰는 시간〉이다. 이 글을 빌어 이은대 작가님과 후배 명근에게도 감사의 말을 전하고 싶다.

글을 시작하여, 한 달이 안 되어 계약했다. 물론 빨리 글을 쓰는 것이 능사는 아니다. 하지만 몰입해서 글을 쓴다면 한 달 만에도 책을 계약할 수 있다는 것을 알았다. 주위에서는 책 쓰기를 시작하여 몇 년이 걸려도 책이 나오지 않은 사람을 많이 보았다. 시간이 많다고 해서 꼭 좋은 글을 쓰는 것이 아니며, 꼭 책으로 출판되지도 않는다. 그리고 바로 두 번째 책의 집필에 들어갔다. 20일 만에 초고를 쓰고 한 달이 되었을 때 또 계약하였다. 1월 중순경에 책 쓰기를 시작하여 2월에 한 권, 3월에 한 권 두 권의 출간 계약을 했다. 글을 잘 쓴다고 자랑을 하기 위함이 아니라 몰입의 힘을 이야기하고자 하는 것이다.

그런 후 4월까지 1권 더 책을 썼으나, 이 책은 계약이 되지 않았다. 4월부터 9월까지는 개인 사정으로 책 쓰기를 멈추었다. 그러다 9월 6일 전정기관염으로 쓰러져 병원에 입원을 하게 되었다. 일주일 만에 퇴원을 하였고, 퇴원하는 날이었던 9월 12일부터 다시 글을 쓰기 시작하여 10월 4일 세 번째로 〈사랑은 가슴에 꽃으로 못 치는 일〉을 계약하였다. 이때는 대학교 수시 시험 철이었기 때문에 대학 자기소개서 컨설팅을 병행한 시기였다. 그럼에도 불구하고 책을 쓰기 시작한 지 20일이 채 되

지구에 산 기념으로 책 한 권은 남기자

지 않아 계약까지 했다.

그다음으로 가칭 〈이야기가 있는 시〉와 가칭 〈대입 자기소개서 실용서〉 두 권을 동시 집필에 들어갔으며, 11월 초에는 첫 번째 계약을 한 〈글쓰는 시간〉이 출간되었다. 그리고 11월 25일부터 12월 10일까지 울산광역시청에서 의뢰를 받아 〈마을공동체 스토리텔링 북〉을 완성했으며, 12월 24일 〈사랑은 가슴에 꽃으로 못 치는 일〉과 〈마을공동체 스토리텔링 북〉 두 권이 동시에 출간되었다. 그리고 12월 31일에는 그동안 써 왔던 고 안일호 어르신의 인생을 쓴 가제 〈땅꾼〉을 완성했다. 그리고 지금은 책 쓰기 책인 〈지구에 산 기념으로 책 한 권은 남기자〉를 쓰고 있다. 이 책도 15일 이내에 완성한다는 기한을 정해두고 쓰고 있다. 이 정도면 후배가 괴물이라고 이름 붙인 것이 괜한 일이 아닐 것이다. 이것이 몰입의 힘이다.

"책 쓰기를 그렇게 한 번에 다 해 버리면 소재가 고갈되어 글 쓸 것이 더 없지 않으냐."

는 질문을 받곤 한다. 그럴 때면 다음과 같이 대답한다.

"쓰면 쓸수록 쓸 것이 더 많아지는 것이 책 쓰기이다."

TIP23 몰입의 힘

글을 쓴다고 해서 다 책을 내는 것은 아니다.

책을 내려면 내는 방법을 알아야 한다.

모르면 배워야 한다.

몰입하여 쓰면 훨씬 빨리 책을 쓸 수가 있다.

빨리 쓰는 것이 꼭 좋은 것은 아니지만

늦게 쓰는 것도 좋은 것이라 말할 수 없다.

쓰면 쓸수록 쓸 것이 많아지는 것이 책 쓰기다.

1년 3개월 동안 몰입하여 책을 쓴 결과.

6권 분량의 글을 적어 5권을 계약했고

4권을 출간했으며, 현재 3권을 동시에 쓰고 있다.

책 쓰기의 진정한 괴물이 되고 싶다.

지구에 산 기념으로 책 한 권은 남기자

글은 **이해**하기 **쉽게 써야** 한다

책을 읽다가 덮어버린 경험이 있다. 도통 이해가 되지 않는 책은 읽기가 힘이 든다. 필자의 책이 출간되고 난 뒤에 듣는 공통적인 이야기가 '가독성'이 좋다는 말이었다. 즉 책장이 잘 넘어가고 읽기가 쉽다는 이야기다. 그렇다고 그 내용조차 가벼운 것이 아니다. 필자의 실패한 이야기, 알코올 중독으로 가장 힘들었을 때의 이야기가 그 책에 담겨있기 때문이다. 가독성이 좋은 이유는 꼭지마다 하나의 스토리가 들어있기 때문이다. 스토리가 들어있기 때문에 읽기가 쉽고 책장이 잘 넘어간다.

또한, 이기주 작가의 〈언어의 온도〉를 비롯한 베스트셀러 반열에 있는 책들의 공통점은 스토리가 있다. 논술 학원을 할 때 학생들에게 생활문을 쓸 때는 꼭 대화체를 넣을 것을 주문했다. 소설책을 읽을 때, 산문의 줄글을 읽을 때와 대화체를 읽을 때 어떤 경우가 더 가독성이 좋았나를 생각해 본다면, 쉽게 이해가 되리라. 스토리가 있으며 대화체가 들어간 글들은 독자에게 훨씬 더 생생한 감동을 줄 수 있다.

스토리는 자신이 경험한 것이 좋다. 그래야 설득력이 있으며 독자의 공감을 불러일으킨다. 자신이 경험한 스토리가 있어야 한다는 말은 다른 말로 하면, 저자의 삶이 곧 글이 되어야 함을 말한다. 필자가 쉽게 그리고 빨리 글을 써서 출간 계약을 할 수 있었던 비밀이 여기에 있다. 자신이 경험한 일을 풀어 쓰는 것은 그만큼 쉽다. 그리고 삶이 글이 되어야 그 글이 가치가 있다.

한 가지 예를 든다면, 필자는 아내와 많은 이야기를 나눈다. 물론 듣는 경우가 더 많다. 아내와 수다를 떨면서 글의 소재를 발견한다. 두 번째 계약한 책 〈가족이 성공이다〉의 내용의 많은 부분이 아내와 있었던 일을 소재로 했다. 아내와 함께 있었던 일들, 그리고 아내가 겪은 이야기를 들은 것 등에서 의미를 찾아 글을 썼다.

스토리는 일상에 항상 존재한다. 삶을 살아가는 데에 있어 스토리가 없는 삶은 없다. 아이들은 학교에서 스토리를 만들고, 어른들은 직장에서, 가정에서, 술좌석 등 많은 만남을 통해 스토리를 만든다. 그냥 흘려버리면 아무 일도 없는 것이 되지만 그것에다 의미를 부여하고 글로 쓰면, 좋은 글감이 될 수가 있다.

언제부터인가 누구와 대화를 할 때면, 이것이 글의 스토리가 될 수 있을까를 생각하는 버릇이 생겼고, 여행을 갈 때면 꼭 여행기를 적으려 노력한다. 삶이 모두 글의 소재가 될 수 있다. 곧 살아가는 일이 글의 소재이다.

한 가지 더 덧붙여 말하자면, 아내의 말을 들어주니 가정이 더욱 화목해졌다. 아내가 하는 말을 들어만 주어도 아내는 행복해 한다. 그리고 필자는 글의 소재가 생겨서 좋다. 대화는 여러 가지 좋은 점이 있음도 깨닫게 되었다. 많은 사람은 다른 사람의 말을 듣는 것보다는 자신의 말을 하기 좋아한다. 들어주자. 작가는 글을 쓰는 사람이다. 그 사람들의 말을 듣고 소재를 잡아 글로 남기자. 그 사람의 말을 열심히 듣고 글을 써서 하고 싶은 이야기는 글로써 들려주자.

어려운 글은 독자가 외면한다. 그 대표적인 것이 현대 시詩다. 현대는 과거 어느 때보다 시인이 넘쳐나는 시대이다. 그런데 시를 읽는 독자는 그리 많지 않다. 그 이유는 시가 어렵기 때문이다. 물론 어려운 시가 가치가 없는 것은 아니다. 그런 시는 마니아층을 제외하고는 큰 인기가 없다. 요즈음은 시인도 다른 사람의 시가 어려워 잘 읽지 않는 시대이다. 바쁜 시대에 기호와 같은 시를 읽을 마음의 여유가 없는 것이 현실이다.

시에만 국한된 말이 아니다. 산문도 어려운 시만큼이나 지루한 것들이 많다. 읽다가 지쳐 책을 덮어버리는 일이 한두 번이 아니다. 이것은 비단 필자의 경험만은 아닐 것이다. 쉽다고 해서 글조차 가치가 없지 않다. 어쩌면 노련한 작가일수록 글을 쉽게 쓴다. 왜냐면 독자의 입장에서 글을 쓰기 때문이다. 글은 꼭 어렵게 써야 할 필요가 없다. 쉽게 글을 쓰자. 그것이 사실은 더 어려울 수 있다. 하지만 작가는 그 어려움을 극복해야 할 사명을 가지고 있는 사람이다.

쉽게 글을 쓰기 위해서는 많은 방법이 있겠지만, 우선 독자의 입장에서 써야 하며 스토리가 있어야 한다고 앞에 서술했다. 그 이외에 다른 요인을 살펴보면, 일단 한 문장에 하나의 내용을 담아야 하고 문장의 길이가 짧아야 한다. 어려운 한자 말, 외국어를 쓰지 말고 우리말을 써야 하며, 글의 흐름이 매끄러워야 한다. 아무리 좋은 내용이라도 어렵게 서술되어 있어 독자가 읽기 힘들다면, 그 책은 외면 받을 수밖에 없다.

TIP24 쉽게 쓰는 작가가 프로다

독자의 입장에서 책을 써라.

이해하기 쉽게 써라.

경험이 담긴 스토리가 있는 글은 가독성이 좋다.

" " 대화체가 들어간 글도 가독성을 좋게 한다.

삶이 글이 되게 써라.

노련한 작가는 쉽게 쓰고

초보일수록 어렵게 쓴다.

필자는
이렇게 책을 내었다

▌   -첫 책 〈글쓰는 시간〉은 이렇게 적었다.

책을 내고 싶었다. 글을 쓴 지 40년이 되었지만, 책을 내지 못했다. 그러다 보니 작가라 불리는 것이 부담스러웠다. 그래서 일단 책을 내려는 결심부터 했다. 올해 내로 책 한 권을 출간하자고 생각했다. 책을 쓰려니 막상 무엇부터 써야 할지 생각이 나지 않았다. 일단 제일 좋아하는 것, 잘 쓸 수 있는 것을 생각했다.

제일 좋아하는 것, 잘 쓸 수 있는 것부터 쓰기 시작하자.

그것이 비였다. 어릴 때부터 비를 좋아했다. '비부터 적어보자'라고 생각하며 비에 대한 추억부터 써 내려갔다. 비에 대해 어느 정도 서술해 나가니 어느 시점부터 쓸 거리가 없어졌다. 그다음으로 좋아하는 것을 생각해보니 글쓰기였다. '글에 대한 내용을 적어보자'라고 생각하며 글쓰기를 좋아한 시점인 고등학교 다닐 때부터 시간 순서대로 작성했다. 고등학교 시절에 대한 글쓰기가 끝나자 대학생활, 군대생활, 회사생활, 자영업, 직장을 옮겨 다닌 것들을 차례로 적었다. 그러자 자연스레 힘들었던 일들이 떠올랐고 그것과 알코올 중독에 빠진 과정들이 생각났고, 알코올 중독을 극복한 이야기를 쓰게 되었다. 퇴직, 사업실패, 알코올 중독에 빠지는 과정을 돌아보니 불행한 삶을 살았다는 생각이 들었고, 알코올 중독을 극복하고 글을 쓰는 현재가 무척 행복하다고 생각했다. 그래서 행복을 쓰게 되었다. 비에서 시작한 글쓰기가 인생 전반에 걸쳐 서술되었다.

책 쓰기 초보라면 '무엇을 쓸까' 하고 고민하지 말고 필자처럼 일단 무엇이든 써 보길 권한다. 쓰다 보면 무엇을 써야 할지가 보이게 된다. 출간 기획서를 작성하고 목차를 정하고 쓸 수도 있겠으나, 일단은 무엇이라도 써 보면 길이 보인다. 그 길에 맞게 목차도 쓰고 제목도 만들면 된다.

초고를 완성하고 난 뒤 몇 번이나 다시 읽으며 오타나 비문을 찾아 퇴고를 했다. 맞춤법 검사는 한국어 맞춤법 검사인 http://speller. cs.pusan.ac.kr/PnuWebSpeller/ 를 활용하였다. 맞춤법 검사가 끝난 후, 울산에 있는 00문고로 가서 책에 있는 이메일을 조사하여 그곳으로 원고를 보냈다. 참고로 책의 앞면이나 뒷면에는 판권지가 있고 그곳에는 그 책을 낸 출판사의 이메일 주소가 기재되어 있다. 원고를 보내는 중에 출판사로부터 출간 의뢰를 받았다. 그런 후 며칠 뒤에 출판사와 계약을 했고, 그로부터 7개월 후인 9월에 출판사에서 표지 디자인을 보내왔다. 15개의 표지 중에 하나를 선정해서 출판사에 보냈고, 10월에는 출판사가 편집한 내지를 받았다. 내지는 필자가 보낸 원고를 책의 형태로 된 PDF 파일로 보내주었는데, 마지막으로 오타 등을 점검했다. 그리고 OK를 해주었고, 2주 후에 출간이 되었다. 책을 쓰기 시작한 지 10개월이 걸린 셈이다.

　–두 번째 책 〈가족이 성공이다〉

　첫 번째 책을 쓰고 나니 행복했다. 책 쓰기는 필자의 인생의 중요한 변곡점이 되었다. 책을 썼기에 행복한 것도 있지만 책을 쓰는 과정을 통해 과거를 돌아보니, 변곡점 이전의 과거가 많이 불행했다는 것을 알게 되어 책을 쓴 후가 행복하다고 느끼게 되었다. 또한, 첫 책을 읽은 사람이 현재도 필자를 불행한 삶을 사는 사람으로 생각하게 될까 봐 우려가

—

되었다. 그래서 두 번째 책은 행복을 쓰기로 했다. 실제 그 책을 쓸 때는 많이 행복했다. 그 이유는 책을 쓰는 것도 행복했지만, 아내와 대화가 되니 큰 행복감을 느끼게 되었다.

행복한 삶을 쓰려고 생각하다 보니 모든 것이 행복과 연결하여 생각했고, 소소한 것들에서 행복이 보이기 시작했다. 특히 아내와 주고받는 이야기는 받아쓰기만 하면 다 글이 되었다. 행복을 쓰기 위해서 행복한 일을 의도적으로 만들기도 했다. 첫 책은 살아온 인생에 대해 손이 가는 대로 쓰기만 했는데, 두 번째 책은 행복이라는 한 가지의 테마를 가지고 적었기 때문에 쉽지가 않았다. 다행히 오마이뉴스의 '살아가는 이야기' 코너에 많은 글을 올린 것이 있었기에 그 글을 책 내용 속에 넣었다. 기존에 써 둔 글이 있으면 책을 쓰는데 굉장히 유용하다.

책을 쓰는 중에 이런 생각이 들었다. '사람이 돈을 벌고 성공을 하려는 이유가 무엇인가? 그것은 행복하기 위함이 아니던가? 그렇다면 행복하게 사는 것이 성공이라는 말이 된다. 진정한 행복은 무엇일까? 그것은 가족이 행복한 것이다. 결국 가족이 행복한 것이 성공적인 삶이 되며, 가족이 성공이라는 말이 성립된다.' 그래서 두 번째 책의 제목을 〈가족이 성공이다〉라고 붙이게 되었다.

책을 쓰는 것도 중요한 변곡점이 되었지만, 알코올 중독을 극복한 것도 중요한 인생의 터닝 포인트가 되었다. 술을 끊고 나서 삶이 180도로 바뀌게 되었다. 큰 목차를 살펴보면 1장은 가족 전체에 대한 스토리를 적었고, 2장은 아이들과 함께한 이야기, 3장은 노모에 대한 이야기, 4장은 아내와 나눈 이야기, 5장은 아내와 행복하게 사는 방법을 적었다. 이 책은 이렇게 큰 주제를 정해두고 세부 목차는 구성하지 않은 채 무작정 글을 썼다. 그런 후 무작정 적은 글이 큰 주제 중 어떤 부분에 해당하는지를 생각했고, 소제목을 붙인 후 그 내용을 큰 제목의 글 아래 아래에 붙여넣기를 했다. 이 책을 쓴 이유는 알코올 중독에 빠져 불행한 삶을 살았던 첫 책에서의 삶이, 극복하고 난 후에 이렇게 행복한 삶으로 변했다는 것을 말하고 싶었다.

-세 번째 책 〈사랑이란 가슴에 꽃으로 못 치는 일〉

두 권째 책을 계약하고 나서 한동안 다른 일에 몰두했다. 경매에 대한 책을 쓰려고 경매 학원에 다녔다. 경매에 대한 책을 읽고 유튜브를 들으며 그에 대한 글을 썼다. 경매를 시작하여 고수가 될 때까지 그 과정을 책으로 쓰려 했다. 하지만 중도에 포기할 수밖에 없었다. 나오기로 예정되어 있었던 돈이 나오지 않아서 하려 해도 할 수가 없는 입장이 되어버렸다. 해 보지도 않고 책을 쓴다는 것은 말이 되지 않는 것 같아 책 쓰기도, 경매도 중단했다.

그런 중에 몸이 안 좋아 병원에 입원하게 되었고, 퇴원하자마자 다시 책 쓰기에 몰입했다. 아주 오래전부터 필자는 시를 적었다. 그래서 시집을 내고 싶었다. 하지만 요즈음 시를 읽는 사람이 많지 않고 시집은 잘 팔리지도 않았다. 그 이유가 시가 너무 어렵기 때문이라는 생각이 들어, 필자의 자작시에다 해설을 붙이면 어떨까 하는 생각이 들었다.

그래서 예전에 적어 두었던 시를 하나씩 꺼내어 해설을 붙였다. 그런 작업을 하다 보니 2014년에 창원과 진영 사이에 위치한 '자여'란 마을에서 3개월 동안 일기 형식으로 적은 글이 생각났다. 그 글은 필자가 그때 쓰고자 했던 형식과 딱 맞는 자작시와 해설 형식으로 되어 있었다. 그랬기에 1부는 일상생활의 시, 2부는 '자여'에서 쓴 시로 구성할 수 있었다. 이 책은 쓰기 시작한 지 20일 만에 계약까지 완료하였고, 계약된 후 2달 보름 만에 출간이 되었다. 미리 글을 써 두면 이럴 때 무척 유용했고, 어떤 글이든 써 두기만 하면 언젠가는 빛을 발하게 된다는 교훈을 얻었다.

TIP25 A4 3~10장정도 쓰고 목차를 정하자

책 쓰기 초보라면 일단 무엇이든 써 보자.

A4 3~10장정도 썼다면

쓴 글 중 많은 분량을 차지하는 내용이 보인다.

그것은 작가 인생에 중요한 일일 가능성이 크다.

그렇지 않더라도 무엇을 써야 할지가 떠오르게 된다.

그때 목차를 쓰면 된다.

초보자가 바로 목차 짜기부터 하기란 쉽지 않다.

목차 짜기에서 막히면 책 쓰기 진도가 잘 나가지 않는다.

목차부터 짜고 시작하는 것이 많은 전문가가 권하는

책 쓰기 방법이지만, 여기에 너무 얽매이지는 말자.

미리 많은 글을 써 두었다면, 책을 쓰는 데 아주 유용하다.

필요치 않은 글은 없다. 시간이 날 때마다 쓰자.

아무 것도 정하지 않고
무작정 써 보자

| "닥치고 써"

이런 말이 있다. 책 쓰기에 대한 여러 책을 읽어 보면 책을 쓸 때는 출간 기획서를 쓰고 목차를 정하고 집필해 나가는 것이 기본적인 순서로 되어있다. 맞다. 이러한 순서로 책을 써나가는 것이 정석이다. 하지만 책을 처음 쓰는 초보자들이 그런 과정을 거쳐 책을 쓰기는 쉽지가 않다. 필자의 첫 책 〈글쓰는 시간〉의 경우에는 목차를 정하지 않고 무작정 썼다. 책을 쓰겠다는 열정이 너무 강했기 때문에 하루 10시간 넘게 글을 써서 120p 분량의 글을 열흘 만에 다 적었다. 어떤 날은 A4 용지로 20장 가까이 쓴 날도 있었다. 필자의 경우 40년 동안 꾸준히 글을 써 왔기

에 그것이 가능했다. 그리고 기존에 써 둔 글도 많았다. 일단 어렸을 때부터 있었던 일을 시간 순서로 머릿속에 떠오르는 생각을 그대로 쓰다 보니 쓰고 싶은 것이 보였다.

여러 가지 내용이 섞여 있었는데, 쓴 글 중에 분량이 제일 많은 것에 대해 글을 쓰기로 했다. 그 주제와 연관성이 떨어지는 글은 전체 글의 3분의 1 정도가 되었다. 일단 오려두기를 하여 다른 파일을 만들어 붙여넣기, 저장하기를 하며, 그것은 다음 책에 쓸 때 활용하자고 생각했다. 남겨진 내용에 대해 비슷한 내용대로 서로 묶어 보았다. 그랬더니 소주제들이 보였다. 그런데 어떤 주제를 보더라도 한 가지 공통으로 들어간 내용이 글을 쓰는 것이었다. 그래서 제목을 〈글쓰는 시간〉으로 정하게 되었다.

나누어진 각 소주제를 각 장의 제목으로 하고 순서를 정했다. 책의 제목이 〈글쓰는 시간〉이기에 첫 번째 장을 글과 관련된 주제로 구성했다. 두 번째는 사업에 실패하여 알코올 중독에 빠진 이야기로, 세 번째는 알코올 중독을 극복한 이야기로 구성했다. 네 번째는 알코올 중독을 극복하고 난 뒤의 행복한 이야기로 구성했고, 그 다음으로 세상을 향해서 하고 싶은 이야기를, 마지막으로는 다시 글에 대한 이야기로 구성했다. 그러다 보니 얼추 책의 구성이 결정되었다. 구성하고 보니, 주제와 맞지 않아 잘라내기로 하여 다른 이름으로 저장한 글 탓에 전체적인 분량이 부족했고, 또한 각 장에 추가하고 싶은 이야기도 생각이 났다. 그래서 각 장의 주제에 맞는 스토리를 추가하여 나갔다. 그러다 보니 전체적인 분량이 채워졌다.

전술한 필자의 경험은 책을 쓰는 하나의 방법에 불과하다. 각자에게는 각자에게 맞는 스타일이 있다. 그림을 그릴 때 밑그림을 먼저 그리고 색칠해 나간다면 원하는 그림을 훨씬 더 잘 그릴 수가 있다. 목차를 먼저 쓰는 것이 그림으로 치면 밑그림을 그리는 것에 해당한다. 목차를 정하지 않고 글을 쓰다 보면 주제에서 벗어나는 경우가 생긴다. 필자는 첫 책을 쓸 때 목차를 정하지 않았기에 책의 주제와 벗어난 글이 3분의 1이나 되었다. 만약 목차를 정하고 썼더라면 그런 오류는 범하지 않아도 되었다. 하지만 처음 책을 쓸 때 무엇을 어떻게 써야 할지 몰랐기에 무작정 쓰기부터 했다. 책을 쓰려는 의지만 강했지 책을 쓰는 방법에 대해서는 무지했다. 그런데 무지했던 것이 다음 책을 쓸 때는 유용한 면도 있었다. 제쳐 두었던 글을 중심 주제로 하여 다음 책을 쓸 수 있게 되었다. 그렇기에 일단 써 나간다면 무용한 글은 없다는 말이 성립될 수 있게 된다.

무작정 글을 쓰든 목차를 정하고 쓰든, 자신에게 맞는 스타일로 글을 써나가면 된다는 생각이다. 책에 따라서는 책 쓰기 순서를 성경처럼 믿

고 고집하는 책도 있다. 하지만 학문에 정도가 없듯이 책 쓰기에도 정도
는 없다. 일단 쓰고 볼 일이다. 쓰고 난 뒤에 시간 순서대로 목차를 다시
배열했다.

글을 쓰다 보면 자신에게 맞는 글쓰기 스타일이 생긴다.

TIP26 자신이 편한 대로 쓰자

목차를 먼저 쓰든지, 내용을 먼저 쓰든지 책만 쓰면 된다.
쓰다 보면 자신에게 맞는 글쓰기 스타일이 생긴다.

"글쓰기는 스타일이다."

무엇을 쓸 것인가?

자신이 가장 잘 쓸 수 있는 것부터 시작하자.

책에는 여러 가지 종류가 있다. 크게 나눈다면, 전문 지식과 문학, 그리고 자신의 경험을 쓴 자기 계발서 등으로 분류할 수 있다. 전문적인 지식과 문학을 쓰는 것에는 그 분야에 대해 모르는 초보자가 접근하기에는 쉽지가 않다.

이 글에서는 그런 글보다는 자신의 경험을 쓰는 자기 계발서에 초점을 맞추었다. 세상에 단 한 사람도 다른 사람과 같은 인생을 산 사람은 없다. 그렇기에 자신만의 경험을 글로 쓸 수 있다. 모르는 것을 쓰는 것은 어렵지만 아는 것을 쓰는 것은 상대적으로 쉽다. 경험을 쓴다는 것은 남을 가르치는 것이 목적이 아니라 독자에게 공감을 주는 것이 목적이다. 공감이라고 하여 저자가 느낀 것을 똑같이 독자가 느끼게 하는 것이 아니라, 저자의 경험에 독자 나름의 경험을 더해 재해석하며 느끼게 하는 것이다.

자신만의 독특한 경험을 글로 쓰자. 자신의 경험은 특별하다. 똑같은 인생을 사는 사람은 지구에서 단 한 명도 없다. 남편이 아내에 관해서 쓸 수도 있고, 아내가 남편에 관해서 쓸 수도 있다. 여행을 좋아하는 사람은 여행에 관해서 쓸 수 있다. 그 책은 어느 곳으로 여행을 떠날지 망설이는 사람에게 좋은 여행지를 알려주게 된다. 부동산에 종사하는 사람은 부동산, 교육에 종사하는 사람은, 스키 타기를 좋아하는 사람은, 산을, 바다를, 음악을 좋아하는 사람은 그에 관해서 쓰면 된다. 사는 집, 키우는 동물, 사는 마을, 하는 일 등 쓰려고 하면 쓸 거리가 셀 수도 없이 많다.

경험이 아니어도 책을 좋아하는 사람은 서평을 쓸 수 있다. 현대에는 숱하게 많은 책이 쏟아져 나온다. 독자는 어느 책을 선택해야 할지가 막연하다. 서평은 그런 독자에게 맞는 책을 선택할 수 있게 안내하는 역할을 한다.

그것들이 '무엇을 쓸 것인가?'에 대한 답이 된다. 이러한 것을 정리한다면, 자신의 직업과 좋아하는 것, 관심 있어 하는 것 등으로 나눌 수 있다. 또한 자신이 살아온 삶을 되돌아보는 자전적인 글을 쓸 수도 있다. 또한, 자기 계발서나, 경험을 나눌 수 있는 것 등, 글의 소재는 수도 없이 많다. 그중에서 자신이 가장 잘 쓸 수 있는 것을 쓰면 된다.

경찰관이라면 경찰의 생활을 쓰면 된다. 일반인은 경찰관 생활을 잘 모른다. 그렇기에 그것이 궁금할 것이기에 경찰관이 쓴 책을 읽게 된다. 소방관도 마찬가지이고, 교사도 마찬가지이다. 이렇게 개인별로 각자의 스토리가 있다. 사람은 세상의 모든 경험을 할 수 없고, 간접 경험을 통해 삶을 배운다.

그렇다면 처음의 질문으로 돌아가자. '무엇을 쓸 것인가?'라는 물음에 부닥치면 자신이 쓰고 싶은 글, 자신이 가장 잘 쓸 수 있는 글을 소재로 쓰면 된다. 그것이 무엇인지 모르겠다면 일단 어떤 글이라도 써나가 보자. 그러면 무엇을 써야 할지를 알게 된다.

TIP27 무엇을 쓸 것인가?

자신이 쓰고 싶은 글

가장 잘 쓸 수 있는 글

무엇을 써야할 지를 모른다면

어떤 글이라도 일단 써 보자.

무엇을 쓸 것인가를 찾는 구체적인 방법

쓰려고 마음만 먹는다면 쓸 거리를 찾는 방법은 많다고 했다. 일단 책을 쓸 주제를 정했다면 다른 사람은 어떻게 썼는지 읽어 보아야 한다. 일단 그 책을 경쟁서라고 말한다면, 그 책을 읽으며 참고할 부분과 부족한 부분은 메모한다. "지피지기면 백전백승"이라는 말이 있다. 경쟁서는 곧 적이다. 저자가 넘어야 할 산이다. 그런데 경쟁서는 자신의 모든 것을 적인 나에게 하나도 남김없이 다 보여주고 있다. 적을 알 수 있기에 이 싸움은 승산이 있는 싸움이다. 경쟁서를 읽지 않으면 적을 알 기회를 스스로 차버리는 꼴이 된다. 경쟁서를 많이 읽자. 그리고 책을 쓰는 내내 동종의 주제를 다룬 경쟁서 5권 정도는 옆에 두자. 책 쓰기를 하다가 막히는 경우에 그 책은 막힌 곳을 뚫어주는 역할을 한다.

쓸 거리를 찾는 구체적인 방법을 하나씩 살펴보자.

방법 찾기 1

1) 어떤 글이라도 무작정 써 보기

2) 마인드맵이나 '생각 나누기'를 활용하기

3) 사진을 보고 기억을 되살려 보기

4) 말로 한 것을 글자로 쓰는 에버노트 앱 등을 활용하기

5) 자유롭게 말을 하며 녹음을 한 후, 그것을 들으며 글로 써 보기

6) 기존에 써 둔 글이 있다면 활용하기

7) 메모나 일기, 다이어리 등을 활용하기

8) 추억이 담긴 장소 찾아가기

9) 자신의 인생관이나 좌우명에서 출발해 보기

10) 책이나 영화 중 쓰려고 하는 소재, 주제와 비슷한 것 참고하기

방법 찾기 2

자신이 살아온 시점을 나누어서 생각해 보는 것도 하나의 방법일 수 있다. 인생 전체를 세분화하여 쓸 주제를 정할 수도 있다. 책 쓰기는 세분화가 생명이다. 다음은 자서전을 쓸 때 유용한 방법이다.

1. 인생 전체를 세분화

1) 나이 : 1~10세까지, 20~30까지, 30~40까지, 40~현재까지

2) 성장 : 유아기, 유년기, 소년기, 청소년기, 청년기, 장년기 등

3) 학교 및 직업 : 유치원, 초등학교, 대학교, 대학원, 직장, 자영업

4) 신분 : 아들, 형^{동생}, 남편, 아버지

5) 종교, 인생관 등

이렇게 나누고 나서 하나씩 추억을 회상하듯 자세하게 생각해 보고 단계별로 나누어 간단하게 문장화한다면, 자기소개서 내지는 자신의 인생을 요약한 내용이 된다. 글을 쓰다가 보면 추가적인 생각이 틀림없이 나게 된다. 그런 것들에 대해 잘 쓰려고 하지 말고 막 써 나가자. 이 단계는 생각 잡기가 포인트다. 그런 후 한 가지씩 쓸 거리를 만들어 목차를 정하면 된다.

하나의 주제가 정해지면 그것을 다시 세분화하는 작업을 한다. 육아에 대한 이야기를 적는다면 다음과 같이 나눌 수 있다. 그리고 한 항목씩 세부적으로 생각한다면 쓸 거리가 생긴다. 그때 목차를 쓰면 된다. 무엇을 쓰더라도 자신의 경험을 스토리로 쓰기를 권한다.

2. 주제별 세분화하기

1) 임신 초기 : 기간별로 나눌 수 있다.
2) 출산 : 출산은 인생의 변곡점이다. 세분화하면 많은 이야기를 쓸 수 있다.
3) 아기가 돌이 될 때까지 세분하여 적기
4) 유아원 들어갈 때까지 세분하여 적기
5) 유치원 들어갈 때까지 세분하여 적기

이때, 경험과 그 경험에 대한 의미부여를 동시에 해나가면, 전체적인 의미부여의 흐름을 잡을 수 있다. 여기서 의미부여란 이 글이 내 인생에 어떤 느낌으로 다가왔고, 어떤 가치로 자리매김하는지를 말한다.

방법 찾기 3

자신의 뉴스를 만들 수도 있다.

-내 인생의 10대, 20대 뉴스주제라 해도 좋고, 소재라 해도 좋고, 글 쓸 거리라고 해도 좋다. 무엇이든지 자기 나름의 이름을 붙이면 된다.

자신이 가장 관심이 있거나 쓰고 싶은 것을 결정하기 위해 10대, 20

대 뉴스를 써 보는 것도 하나의 방법이다. 그것을 토대로 자전 에세이를 쓸 수도 있고, 자신이 관심 있는 분야 하나를 선정하여 집중해서 쓸 수도 있다. 이해를 돕기 위해 필자의 경우를 예로 들겠다. 필자는 직장생활을 하기도 하고 자영업을 하기도 했다. 그래서 직장 생활 10대 뉴스, 내 인생 20대 뉴스를 작성했다.

1. 직장 생활 10대 뉴스

1) 100대 1의 경쟁률을 뚫고 입사하다

2) 신입사원 교육 시 회장님께 질문하다. - "춥지 않습니까?"

3) 울산 현대자동차 영업담당으로 발령받다.

4) 대리로 진급하다.

5) IMF를 맞이하다

6) 부서 매출 100억을 달성하다.

7) 과장으로 진급하다.

8) 신개발품이 실패하다.

9) 상사와 갈등이 생기다.

10) 스트레스로 사표를 쓰다.

이렇게 선정하고 간단한 문장으로 표현해본다.

지구에 산 기념으로 책 한 권은 남기자

100명 모집하는 회사에 1만 명이 지원했다. 100대1의 경쟁률을 뚫고 입사했다. 하늘이 내 것 같은 기분이 들었다. 신입사원 교육 시 정00 회장님과 대화 시간이 있었다. "회장님 춥지 않습니까?"라는 질문을 했다. 그러자 회장님은 "많이 가진 나도 추운데, 못 가진 너는 얼마나 춥겠냐?"라는 답변을 했다. 그 말을 듣고 '춥고 따뜻한 것은 가진 것이 결정하는 것이 아니라, 마음이 따뜻한지, 차가운지가 결정한다.'라고 생각했다. 처음 발령받은 것은 울산 현대자동차를 담당하는 영업부서였다. 4년 후 대리 진급을 하였고 몇 년 후에 아이엠에프를 맞이했다. 많은 동료가 구조조정 당했다. 하지만 그때 가격을 인상해 회사는 막대한 이익을 남겼다. 그리고 처음으로 우리 부서가 100억의 매출을 달성했다. 다음 해 과장으로 진급했다. 하지만 신개발품의 실패로 상사와 갈등이 극에 달했다. 엄청난 스트레스에 시달려야 했고, 결국 사표를 쓰고 퇴사했다.

위의 글은 회사생활 10대 뉴스를 문장화한 사례다. 10가지 항목을 문장화하면서 약간 살을 붙인 결과다. 그렇지만 회사 입사 때부터 퇴사까지 중심적인 내용이 모두 들어있다. 처음 시작은 A4 용지 1/3 분량이지만 이것이 뼈대가 되어 분량을 늘려 가면 결국 책 한 권이 된다. 각 항목에는 수많은 에피소드가 들어있음은 물론이다.

10개 항목을 15개 문장으로 나누었다. A4용지 한 장 분량으로 늘리기 위해서는 이 내용의 각 문장에다 뒷받침 문장을 하나, 둘씩 추가하면 된다. 그러다 보면 기존에 없던 새로운 내용이 기억 연상 작용으로 인해 생기게 된다. 다음은 위의 내용을 A4용지 한 장 분량으로 늘린 결과다.

89년 대학 4학년 때 여러 회사에 입사 지원을 했다. 그러다 KCC에 서류 전형이 통과되었고 필기와 면접을 거쳐 입사했다. 그 당시에도 들어가기가 쉽지 않은 회사였다. 100명 모집하는 회사에 1만 명이 지원했다. 100대1의 경쟁률을 뚫고 입사했다. 하늘이 내 것 같은 기분이 들었다. 신입사원 교육 시 정OO회장님과 대화시간이 있었다. 그날은 1월이라 매우 추운 날씨였다. 회장님이 우리에게 질문을 해 보라고 했지만 다들 눈치만 보고 질문을 하지 않았다. 무의식 중에 손을 들었다.

"회장님 춥지 않습니까?"

그러자 회장님은

"오늘 날씨 많이 춥네. 많이 가진 나도 추운데, 못 가진 너는 얼마나 춥겠노?"

라는 답변을 했다. 그 말을 듣고 '춥고 따뜻한 것은 가진 것이 결정하는 것이 아니라, 마음이 따뜻한지, 차가운지가 결정한다.'라고 생각했다.

일주일 간 진행된 연수원 교육을 마치고 발령을 받게 되었다. 공장은 울산에 위치해 있었는데, 동기들은 서울에서 근무하기를 원했고 울산으로 가기 싫어했다. 하지만 난 집이 울산이라 울산을 자원했다. 처음 발령받은 것은 울산 KCC 영업부서였다. 영업이라 하여 처음에는 물건을 팔러 다니는 것을 연상했지만 그런 것이 아니라 현대자동차에 도료를 공급하는 일이었다. 그때는 엘란트라라는 차종이 현대자동차 3공장에서 처음 만들기 시작한 해였다. 첫 월급을 받아 부모님 내의를 샀다. 그 내의를 받아들고 좋아하시던 돌아가신 아버지가 생각이 난다. KCC에 다니는 중에 몇 번의 미팅을 했다. 그러다 1990년 10월 19일 아내를 미팅에서 처음 만났고, 다음 해 1991년 6월 2일에 결혼했다. 결혼하고 난 다음 해인 1992년 큰아들을 낳았다. 세상을 다 가진 듯 했다.

4년 후 대리 진급을 하였다. KCC의 인사 시스템은 진급하면 다른 지역으로 전근을 해야 하는 것이었지만, 집이 울산인 나는 다른 지역으로 가기를 원치 않았다. 또한, 우리 부서에 동기가 세 명이었는데,

세 명이 모두 진급하였기에 다른 지역으로 다 가버리면 업무에 누수가 발생할 것이 우려되었다. 집이 울산인 나는 남고, 동료 두 명은 다른 지역으로 발령이 나서 갔다.

그리고 상급자인 과장, 차장도 진급하여 다른 지역으로 갔고 그 자리에 새로운 사람이 진급하여 오게 되었다. 새로 온 상급자는 우리 부서 업무인 자동차 영업에 대한 문외한이었고, 사사건건 나와 부딪혔다. 그러다 몇 년 후에 아이엠에프를 맞이했다. 많은 동료가 구조조정 당했다. 상급자로 온 과장은 다른 곳으로 가고 부하 직원 한 명도 구조조정을 당했다.

우리가 취급하는 도료의 원료는 모두 수입품이었고, 달러 가치 상승으로 원료 수입 단가가 높아졌다. 현대자동차에 단가 인상을 요청했지만, 현대자동차도 아이엠에프로 어려운 처지였기 때문에 가격 인상을 거부했다. 그때부터 싸움이 시작되었다. 결국 KCC에서 현대자동차로 도료 공급을 중단하겠다고 통보하고 난 뒤에야 가격 인상이 되었다. 도료 가격을 인상하는 자료를 만드는 것은 온전히 내 몫이었다. 어렵게 가격 인상을 한 공로를 인정받아 그다음 해에 과장으로 승진했다.

하지만 새로 개발한 차량의 도료가 1년 내내 불량이 생겼다. 그에 대한 스트레스와 새로 온 상사와의 갈등으로 엄청난 스트레스에 시달

지구에 산 기념으로 책 한 권은 남기자

려야 했다. 결국 상사의 멱살을 잡고 싸우고 나서 회사에 사표를 내었다. 아내도 내가 얼마나 스트레스에 시달리는지 알았기에 말리지 않았다. 그때가 2002년 12월이었다. 퇴사하고 나서 논술학원을 차렸다.

간략하게 해도 금방 A4 한 장 분량의 글을 쓸 수가 있다. 왜냐하면 기존 글에 설명을 덧붙이는 형식을 취했기 때문이다. 좀 더 자세하게 썼더라면 3~4장 분량이 쉽게 나온다. 이렇게 해두고 목차를 구성하면 쉽게 할 수 있다. 그리고 각 항목마다 스토리를 쓰자.

2. 나의 인생 20대 뉴스

1) 어린 시절 우가포 살 때

2) 울산으로 이사 왔던 일

3) 10살 때 처음으로 교회에 간 일

4) 초등학교 때부터 비를 좋아한 것

5) 고등학교 때 글쓰기를 시작한 것

6) 울산대학교 국어국문학과에 들어간 것

7) 가람문학회 생활

8) 글쓰기 모임 창작을 만든 것

9) 군대 생활

10) 아버지의 죽음

11) 친구 재영이의 죽음

12) KCC에 입사한 일

13) 결혼하고 아이를 낳은 일

14) 교통사고가 난 일

15) 상사의 멱살을 잡은 일

16) 퇴사하고 논술학원을 차린 일

17) 스무 번의 이직

18) 알코올 중독 극복

19) 강원도, 땅끝 마을 자전거 여행

20) 울산광역시 남구 20년사 저술

필자 인생의 주요 변곡점이 된 뉴스이다. 이렇게 항목 적기는 어렵지 않다. 항목을 적은 후 회사생활 10대 뉴스와 같이 간단히 문장화한다면, 훨씬 더 많은 분량의 글이 되리라. 그렇게 작성된 글을 눈으로 보며 과거의 추억을 더듬으면서 목록을 작성하면 된다.

지구에 산 기념으로 책 한 권은 남기자

3. 소방관 20대 뉴스

1) 소방관이 되기로 결심한 계기

2) 소방관 시험공부

3) 소방관 합격

4) 소방관 교육 받은 과정

5) 첫 발령지

6) 첫 진화작업

7~10) 119 구급대 활동에서 기억에 남는 것

11~16) 불을 끄는 것에 대한 기억에 남는 것

17) 위급 상황에 신속하게 대응하는 방법

18) 재난에 대비하는 방법

19) 소방관으로서 하고 싶은 말

20) 소방관이 되려는 사람에게 하고 싶은 말

무엇을 쓸 것인가를 찾는 구체적인 방법을 살펴보았다. 그 중에 소방관 20대 뉴스를 기준으로 살을 붙여 나가는 방법을 설명을 하면 다음과 같다. 편의상 단계로 구분을 해 보겠다.

1단계는 소방관에 대해 20대 뉴스를 세분화한 단계이다.

2단계는 필자의 회사생활 '10대 뉴스'와 같이 각 항목에 대해 약간씩만 뒷받침하거나, 항목을 문장화하여 풀어서 적거나, 설명하는 글을 서술 형태로 뒷받침하는 단계이다. 그러면 소방관 생활을 소개하는 글이 된다. 분량도 A4용지 반 장 분량이 넘어간다. 아무 것도 쓰지 않은 상태에서 일단 A4용지 반 장 분량의 글이 써지게 된다. 자전 에세이라면 자기 인생 소개서가 될 수 있다. 참고로 글을 쓰는 순서는 초보자의 경우 시간 순으로 쓰면 자연스런 전개가 된다.

3단계는 분량을 늘리는 작업을 하는 단계이다. 하나의 문장마다 좀 더 살을 붙여 나간다. 다른 말로 하면 좀 더 자세하게 설명을 하는 단계이다. 그러면 분량이 많이 늘어나 A4 용지 한 장 이상이 나온다. 쓰다보면 처음에는 생각하지 못한 스토리가 생각이 나기도 해, 분량이 3장, 4장이 나올 수도 있다. 그렇다면 어느 정도 쓸 거리가 보이게 된다. 이 단계에서는 분량이 많으면 많을수록 목차잡기가 쉽다.

4단계는 목차를 잡는 단계이다. 그런데 내용 중에 자세하게 쓰고 싶거나, 그 주제만 책으로 내고 싶다면, 그것만 두고 나머지는 잘라내기 하여 다른 이름으로 저장해두자. 그런 후 쓰고 싶은 그 주제만으로 다시 1단계부터 3단계까지 다시 시작하여 4단계에서 목차를 잡으면 된다. 잘라내기를 하여 다른 이름으로 저장한 내용은 다음 책을 쓸 때 유용하다. 처음부터 쓸 거리가 정해져 있다면 그 쓸거리를 1~4단계별로 진행하면 된다.

TIP28 목차잡기

가장 잘 쓸 수 있는 것부터 쓰자.

살아오면서 가장 기억에 남는 것이 가장 중요한 쓸 거리가 된다.

쓸 거리는 많다. 찾으려면 방법도 많다.

책을 쓸 때는 먼저 출간된 경쟁서를 읽어야 한다.

기존에 써둔 글이 있다면 좋은 자료가 된다.

쓸 거리를 항목별로 나누었다면,

항목별로 설명하는 글을 써 본다면

일정 분량의 글이 나올 것이다. 그것을 기초로 목차를 정하자.

목차 쓰기 4단계

1단계 : 10대, 20대 뉴스 항목 쓰기

2단계 : 문장화하고 뒷받침 문장 쓰기

3단계 : 2단계 내용에 살 붙여 분량 늘리기.

4단계 : 목차 구성하기

목차 쓰기 사례
– 경찰관 이야기 "충성, ○○에 명받았습니다."

글을 쓰고자 하는 사람이 일단 경찰관이라고 가정하고 목차를 짜보도록 하겠다. 목차를 구성하는 데는 시간 순으로 할 수도 있고 내용 순으로 할 수도 있다. 그리고 이 둘을 혼합하여서 할 수도 있다. 목차는 큰 주제와 소주제로 나누는데, 소주제는 큰 주제의 범위에서 벗어나면 안 된다. 목차를 짜는 순서는 우선 큰 주제를 선정하고, 부속되는 소주제의 항목을 정한다. 필자가 목차 짜기를 경찰관으로 설정한 이유는 의무경찰을 하며 경찰관 생활을 해 보았기에 가능했다.

목차 한 항목을 한 꼭지라 부른다. 한 꼭지의 분량은 정해진 것은 없으나 통상 A4 용지 2장 반 정도이다. 앞에 서술한 대로 A4 용지 100장이 책 한 권 분량이라고 했으니 35~40개의 목차를 선정하면 된다. 하지

지구에 산 기념으로 책 한 권은 남기자

만 목차의 수와 한 꼭지 당 페이지 수에 굳이 얽매일 필요는 없다. 꼭 몇 개, 몇 페이지로 해야 한다고 정해진 것이 없으며, 필요에 따라 얼마든지 조정할 수 있다. 그것은 작가의 스타일이나 글의 성격에 맞게 정하면 된다. 필자의 경우는 목차 수에 전혀 신경을 쓰지 않는 편이다. 하지만 페이지 수는 100페이지 정도를 권하고 싶다. 통계적으로 봤을 때 35~40개 정도의 목차가 적당하며 장수도 A4 80~120페이지를 했을 때가 독자가 읽기에 가장 편하다고 한다. 참고로 A4 100페이지는 책(150 X 210 으로 출간했을 때 250페이지 내외가 된다.)

가제 : "충성, 한국 경찰로 명받았습니다."

들어가는 말

＊책을 쓴 동기 및 본문 내용 소개

1장, 경찰이 되기까지

한국 경찰이 하는 일과 역사 속에서의 역할 등, 경찰 전반에 걸친 소개를 하고 자신이 경찰이 되기까지의 과정을 서술해본다. 일반인은 경찰의 겉모습만 보아왔지 그 실상은 알 수가 없다. 그 궁금증을 풀어주는 글을 쓰면 된다. 이때 주의해야 할 점은 일반적인 이야기가 아닌 자신의 스토리가 들어가야 한다는 점이다.

* 경찰이 되고자 했던 동기가 된 일

* 경찰이 되기 위해 준비한 과정

* 드디어 경찰이 되었다. - 합격과 다짐

* 신임경찰 교육과정

* 충성, 00에 명받았음을 신고합니다.

* 연중무휴, 비상대기

*

*

2장, 경찰 생활 중 자신이 겪은 에피소드

경찰은 한 보직을 받아 오랫동안 직무 수행을 하기보다는 경찰서, 파출소, 경비대 등을 왔다 갔다 하는 순환보직이 이루어지는 조직이다. 자신이 지나온 보직을 회상해보고 그 보직에서 일어난 일을 에피소드 형태로 기록하면 된다.

* 파출소 생활 - 순찰 중에 일어난 일

* 파출소 생활 - 112 신고를 받고 출동하다

* 경비대 생활(촛불시위에 질서 유지를 하며)

* 경비대 생활 - 주요 인사 안전유지 활동

지구에 산 기념으로 책 한 권은 남기자

* 교통경찰 – 음주운전 단속을 하며

* 교통경찰 – 교통사고 현장을 가다

*

*

3장, 수사 경찰이 되어

여러 보직 중에서도 가장 오랫동안 근무한 부서에서 일어난 일을 자세하게 적는 장이다. 기동대면 기동대 일을, 파출소면 파출소 일을 수사과면 수사과 일을 아래 예처럼 목록을 작성하면 된다.

* 기억에 남는 사건1 – 절도범 잡기

* 기억에 남는 사건2 – 격투 끝에 잡은 강도

* 기억에 남는 사건3 – 조사과정에 일어난 일

* 기억에 남는 사건4 – 청소년 범죄

* 기억에 남는 사건5 – 사기 범죄

*

*

4장, 사람 사는 이야기

경찰도 어차피 사회의 한 일원으로 살아가는 사람이다. 그러다 보면 직무와 연관된 세상사를 겪을 수밖에 없다. 경찰 생활을 하며 겪은 일들을 생각하여 쓰면 된다.

* 경찰 생활을 하며 겪은 따뜻한 사연

* 구속피의자의 안타까운 사연

* 경찰, 남편, 아빠, 아들

* 나쁜 놈, 나쁜 님

* 그래도 세상은 살 만하다.

* 아이가 주워온 지갑

*

*

5장, 경찰로서 하고 싶은 이야기

경찰관으로서 하고 싶은 말들이 있으리라. 한국 경찰은 실컷 고생은 고생대로 하고 욕은 욕대로 들어먹는 경우가 많다. 에피소드 위주로 사회에 하고 싶은 이야기를 해 보자.

* 범죄 피해자가 되지 않는 조언

* 경찰을 바라보는 편견적 시각에 대하여

* 경찰관이 되려는 사람에게

* 그래도 보람된 경찰 생활

지구에 산 기념으로 책 한 권은 남기자

      *

      *

마치는 글

경찰 생활에 대한 전반적인 의미 부여와 향후 어떤 경찰이 되겠다는

등의 내용과 마무리

위에 쓴 목차는 총 27개이다. 총 40개의 목차를 구성한다고 가정하고 나머지 13개 정도는 각자가 생각하여 완성해보자.

TIP29 목차 짜기 핵심

책 한 권의 분량은 A4용지 100장 내외가 적당하다.

주제를 장으로 하고 소주제를 꼭지라 한다.

한 꼭지의 분량은 정해진 것이 없지만 A4 2장 반이 통상적이다.

꼭지 수는 35~45개가 적당하지만, 꼭 맞출 필요는 없다.

들어가는 말, 목차, 본문 내용, 끝맺는 말로 구성하면 된다.

목차 쓰기 4단계 사례

인테리어를 하는 자영업자를 예로 들고 4단계 작성법을 설명해 보면 다음과 같다. 참고로 다음 목차는 필자가 예전에 인테리어 업을 한 경험을 기초로 작성했다.

1단계

10대 뉴스 : 시작단계부터 시간 순서대로 항목을 정해보자.

1. 술자리에 정 사장을 만나서 인테리어 동업 권유를 받음
2. 8건, 8천 8백만 원 공사 수주

3. 첫 공사에서 막대한 손해를 입음

4. 김 사장과 일 시작

5. 사무실을 얻어 본격적으로 시작

6. 어느 정도 안정이 됨

7. 주택 공사 실패

8. 활로를 찾다.

9. 새롭게 인테리어 사업을 시작하려는 사람에게

10. 인테리어 공사를 의뢰하려는 사람에 대한 조언

2단계

10대 뉴스를 문장화하면서 조금씩 살을 붙이자. 이때 하나의 항목을 설명하는 문장 뒷받침 문장 을 2~3개 정도 덧붙이자.

2009년 12월 어느 날이었다. 평소 알고 지내던 지인과 술좌석을 함께 하는 자리에서 처음 정 사장을 알게 되었다. 그는 자신을 인테리어의 고수로 소개를 했으며, 자재를 싸게 구매할 수 있으니 함께 일을 해 볼 생각이 없느냐고 물었다. 당시 백수인 처지라 다른 할 일도 없고 해서 함께 일을 하기로 했다.

사무실도 없이 광고 전단을 붙이며 홍보를 하자 인테리어 문의가 왔다. 나는 인테리어에 대해 아무것도 몰랐기에 정 사장이 견적을 냈다. 자신은 자재를 싸게 구매를 하므로 싸게 공사를 할 수 있다는 말에 고객들이 공사를 맡겼다. 8건, 8천 8백만 원의 공사를 시작했다. 그때가 2010년 1월이었다.

선금을 받고 철거를 했는데, 정 사장이 돈을 가지고 잠적을 해 버렸다. 인테리어에 대해 무지했던 나는 평소 알고 지냈던 다른 인테리어 업체 사장에게 도움을 요청했다. 우여곡절 끝에 공사가 끝났고 막대한 적자를 봤다.

그만두려는데, 김 사장이 자신과 동업을 제안했다. 그래서 인테리어 사업에 발을 디뎠다. 하지만 동업은 오래가지 못했다. 그래서 사무실을 구하고 본격적으로 홀로서기를 했다. 사업은 어느 정도 안정이 되었다. 하지만 주택 수리를 하면서 엄청난 적자를 보고 빚까지 졌다. 다행히 신용을 잃지 않아 아파트 리모델링 수주를 많이 맡게 되어 활로를 찾았다.

새롭게 인테리어를 시작하는 사람에게 사전에 준비를 철저히 하고 시작하라는 말을 하고 싶다. 인테리어에 필요한 자재상, 필요한 인력, 견적 내는 방법 등을 알고 시작을 해야 한다. 그리고 자신이 할 수 있는 공정이 몇 개는 있어야 하자 발생 시 대응할 수 있어, 적자를 보지 않는다.

인테리어를 의뢰하고자 하는 사람이라면 최소한 세 군데 이상은 견적을 받고 시작해야 한다. 그리고 가격이 싸다고 무조건 의뢰하는 것은 위험하다.

지구에 산 기념으로 책 한 권은 남기자

3단계

분량을 늘이는 단계 : 2단계에 적은 글에 대해 좀 더 자세하게 적도록 하자. 분량을 2페이지로 늘리고 3페이지로 늘리며 계속 늘려가야 한다. 필자는 10페이지까지도 늘릴 수 있으면 늘리기를 권하고 싶다. 분량이 많으면 많을수록 목차 잡기가 쉽다.

2단계의 글에 다시 설명을 덧붙이자.

2009년 12월 어느 날이었다. 평소 알고 지내던 건축자재 송 부장과 술좌석을 함께 하는 자리에서 처음 정 사장을 알게 되었다. 그는 중국 화교이며 어릴 때 울산으로 이사를 왔기에 울산이 고향이라고 자신을 소개했다. 자신은 집을 몇 채나 지었기 때문에 건축에 대해서 다른 누구보다 큰 노하우를 가지고 있다고 했으며, 인테리어 사업을 하는 사람 중에서 울산 최고 고수라는 말을 덧붙였다. 그렇기에, 자재를 싸게 구매할 수 있고, 자신과 함께 일을 하면 많은 돈을 벌 수 있으니, 함께 일을 해보자고 제안했다. 인테리어에 대해 아무것도 모른다는 이야기와 함께 나도 할 수 있겠는지를 물어보니, 자신이 모든 걸 할 테니 따라다니면서 배우면 된다고 했다. 그 당시 학원을 그만두고 3개월 동안 백수로 지내던 처지라 그 말에 솔깃했다.

그다음 날부터 사무실도 없이 무작정 시작했다. 학원을 할 때 전단을 붙여 회원 모집을 한 경험이 있어, 광고 전단을 붙이며 홍보를 하자 인테리어 문의가 많이 왔다. 전화를 받고 현장을 찾아가서 정 사장이 견적을 냈다. 자신은 자재를 싸게 구매를 하므로 싸게 공사를 할 수 있다는 말에 고객들이 공사를 맡겼다. 그때는 몰랐지만 정 사장은 시중 형성 가격의 70% 수준으로 견적을 내었다. 고객들도 다른 곳과 비교하니 엄청나게 가격이 쌌기 때문에 공사를 맡겼다. 그래서 처음부터 8건, 8천 8백만 원의 공사를 시작했다. 그때가 2010년 1월이었다.

선금을 받고 철거부터 시작했는데, 정 사장이 돈을 가지고 잠적을 해 버렸다. 정말 황당한 상황에 빠졌다. 엄동설한에 여덟 군데의 아파트 철거를 다 해놓고, 공사를 진행하겠다는 사람이 잠적을 해 버리니 어찌해야 할지 몰랐다. 하지만 방법을 찾아야 했다. 인테리어에 대해 무지했던 나는 평소 알고 지냈던 다른 인테리어 업체 김 사장에게 도움을 요청했다. 견적이 너무 싸게 들어갔기에 적자를 보는 것은 불을 보듯 뻔했다. 하지만 믿고 공사를 맡겨준 사람에게 책임을 지자는 생각에 적자가 예상되었지만, 우여곡절 끝에 공사를 끝냈다. 처음 공사에서 엄청난 적자를 봤다.

아무런 준비도 없이 사람의 말만 믿고 사업을 시작하는 일이 얼마나 미련한 일인가를 절실하게 깨달았다. 그만두려는데, 김 사장이 자신과

지구에 산 기념으로 책 한 권은 남기자

동업을 제안했다. 그래서 인테리어 사업에 발을 디뎠다. 하지만 동업은 오래가지 못했다. 남는 것을 나누기로 했는데 김 사장은 남는 것이 없다고 돈을 주지 않았다. 같이 해야 할 이유가 없다고 말하고 동업을 그만두었다. 그러다 보니 인테리어 공사를 어떻게 하는지 개괄적으로 알 수 있었다.

그래서 사무실을 구하고 본격적으로 홀로서기를 했다. 사업이 안정을 찾는 것 같았다. 하지만 그 이후에, 한 주택 수리에서 엄청난 적자를 보고 빚까지 졌다. 다행히 신용을 잃지 않아 아파트 리모델링 수주를 많이 맡게 되어 활로를 찾았다. 여러 번 실패를 하고 나니 인테리어 사업을 어떻게 하면 된다는 요령을 알게 되었다. 특히 기억에 남는 공사는 여러 가지가 있다. 〈공사 하나의 스토리가 하나의 꼭지가 되게 작성〉

새롭게 인테리어를 시작하는 사람에게 사전에 준비를 철저히 하고 시작하라는 말을 하고 싶다. 인테리어에 필요한 자재상, 필요한 인력, 견적 내는 방법 등을 알고 시작해야 한다. 그리고 자신이 할 수 있는 공정이 몇 개는 있어야 유사시 적자를 보지 않는다. 아파트 공사를 하려면, 철거, 화장실, 몰딩 작업, 싱크대, 도장, 방문, 새시, 도배, 장판, 전등 등의 공정을 거쳐야 한다. 공정마다 자재가 필요하기 때문에 미리 여러 자재 가게를 돌아다니면서 가격을 파악해야 한다. 각 자재 가게는 기술자를 알고 있기 때문에 그곳에서 소개를 받으면 된다. 예를 들면 도배를 하려고 하면 도배 가게에 가서 도배하는 사람 연락처를 알아두는 형식이다.

사장이 어느 정도 간단한 일은 처리할 수 있어야 한다. 인테리어 공사는 작지만 꼭 사람의 손이 필요한 일이 수도 없이 많다. 요즈음 인건비가 비싸기 때문에 사장이 기술이 없으면 하자 발생 시 일일이 기술자를 불러야 한다. 그것은 예상하지 못한 돈이 들어가게 한다. 만약 공사가 완료되어 입주까지 마친 상태에서. 화장실 타일이 떨어지거나, 수도꼭지에서 물이 샌다든지, 거실에 실리콘 작업이 되지 않은 곳이 있다든지, 베란다에 페인트가 덜 칠해진 부분이 있다든지 하는 예상하지 못한 일이 발생하면, 그런 간단한 일은 자신이 처리해야 한다. 작업을 한 사람을 불러 다시 해달라고 하면 되겠지 하고 생각한다면 오산이다. 작업자에게 돈을 지급하게 되면 그것으로 끝이다. 그 사람도 시간이 돈이기 때문에 잘 오지 않으려 한다. 그러면 돈을 주고 불러야 한다. 인테리어가 앞으로 남고 뒤로 밑지는 이유가 이런 경우에 기인하는 경우가 많다.

인테리어를 의뢰하고자 하는 사람이라면 최소한 세 군데 이상은 견적을 받고 시작해야 한다. 그리고 가격이 싸다고 무조건 의뢰하는 것은 위험하다. 인테리어는 하자 발생 시 A/S를 잘 해주는 것이 무엇보다 중요하다. 돈이 약간 더 들어가더라도 믿을 만한 업체를 선정해야 한다. 또한, 미리 인터넷 등을 통해 자재에 대해 알아두는 것도 필요하다. 자신이

지구에 산 기념으로 책 한 권은 남기자

사는 집이기 때문에 인테리어 공사를 할 때는 많은 신경을 써야 한다.

업체를 선정할 때에는 기존에 그 업체에서 공사를 한 곳을 찾아가 작업 상태를 꼼꼼히 살펴보고, 기존 공사를 하여 살고 있는 사람에게 공사는 잘하는지, 하자보수는 잘해 주는지 등 그 업체에 대한 정보를 물어보는 것도 필요하다.

인테리어 가격은 무엇을 하느냐에 따라 다르다. 화장실만 할 수도 있고, 도배, 장판만 할 수도 있다. 각 공정 당 어느 정도 정해진 가격이 있다. 인건비는 대동소이하기 때문에 자재에서 많이 좌우된다. 또한 창문 공사는 인테리어 공정 중에 가장 금액을 많이 차지한다. 창문을 하느냐 하지 않느냐에 따라 가격이 1/3 정도 차이가 난다.

3단계에서 2단계보다 2배 정도로 분량이 늘어났다. 이런 식으로 분량을 늘여 가면 10장 정도까지 분량을 늘이는 것은 그리 힘든 작업이 아니다. 이 정도만 적어도 반 정도의 목차는 짤 수 있다.

4단계

목차 짜기 : 비록 가제일망정 제목도 붙여보자. 그리고 독자는 누구로 할 것인지도 정하자. 여기까지 쓴 것을 토대로 목차를 정한 것을 예

로 들면

독자층 : 인테리어업을 시작하려는 독자, 인테리어업을 하고 있는 독자, 인테리어를 의뢰하고자 하는 독자.

가제 : 인테리어는 인생을 리모델링하는 것

들어가는 말

인테리어를 하면서 삶을 리모델링하자.

1장. 모르고 땅을 파는 것은 무덤을 파는 것과 같다.

　＊ 말만 믿고 인테리어업을 시작하다.

　＊ 설마가 사람 잡는다.

　＊ 막대한 수업료를 치르다.

　＊ 인테리어를 하며 친구와 멀어진 사연

　＊ 동업이 부른 불화

　＊ 나를 절벽으로 내몬 주택 수리.

　＊ 이렇게 해서 활로를 찾았다.

2장. 인테리어로 삶을 리모델링하자.

* 정 많은 아주머니

* 일 잘하는 작업자

* 변덕 심한 주인

* 잘 된 공사는 좋은 소개를 부른다.

* 인테리어를 하면서 맺은 관계

* 인테리어 STORY 1

* 인테리어 STORY 2

3장. 인테리어 업을 시작하려는 사람에게

* 견적서 넣는 방법

* 자재 가격 조사방법

* 홍보는 이렇게 해야 한다.

* 숙련된 기술자를 아는 것이 고객 신뢰를 얻는 방법이다.

* 건축 박람회를 다니자.

* 바뀌는 트렌드에 민감하자.

* 화장실 공사, 시작부터 마감까지

* 도배, 장판은 이렇게 해야 한다.

* 몰딩 작업과 목수 구하는 법

* 창문에서 남는다.

* 싱크대의 종류와 설치

* A/S는 철저히

* 이윤은 15% 정도이다.

4장. 업체로부터 견적을 받을 때 가격만 보지 마라

* 세 군데 이상 견적을 받자

  아는 업체에는 요구사항 말하기가 어렵다.

  무조건 싸다고 맡기면 후회한다.

  견적서를 꼼꼼히 챙기자.

* 관심이 하자를 막는다.

* 남의 말에 너무 귀를 기울이면 공사가 다른 방향으로 간다.

* 평수별 인테리어 비용

* 이것은 이렇다.

  화장실, 도배, 장판, 싱크대, 몰딩, 창문, 전기, 페인트 등

* 많은 정보를 얻어, 하고 싶은 것을 구체화하자.

* 상가 인테리어

* 주택 인테리어

지구에 산 기념으로 책 한 권은 남기자

마치는 글

인테리어 업은 이렇게 해야 성공한다.

이런 식으로 목차를 구성하고 하나씩 세부적으로 작성해 나가면 된다. 작성해 나가는 과정에서 새로운 쓸 것이 생기게 된다. 그리고 전체적으로 인테리어 업에 대한 의미부여도 해야 한다.

제목
"눈길이 가야 손길이 닿는다."

'무엇을 쓸 것인가'를 정할 때 누구를 대상으로 할지를 함께 생각해야 한다.

"글은 독자의 입장에서 써라."

라고 앞에 말했다. 독자 입장에서 쓰기 위해서는 독자가 누군지 분명히 알아야 쓸 수가 있다. 물론 주제에 따라 불특정 다수일 수도 있겠으나 타깃이 분명하면 글에 힘이 생긴다.

부동산에 대한 이야기이면 부동산에 관심이 있는 독자가 그 대상이 되며, 육아에 대한 이야기라면 젊은 엄마, 아빠가 된다. 교육에 대한 이야기면 학생을 가진 학부모와 학생이 되며, 결혼에 관한 이야기라면 부부 및 결혼을 앞둔 예비 신랑, 신부가 된다. 성공에 관한 이야기라면 직

지구에 산 기념으로 책 한 권은 남기자

장인이나 대학생 등 성공하기를 원하는 사람이 그 대상이 되며, 서평을 쓴다면 책을 좋아하는 독자가 그 대상이다. 이렇듯 글의 특성에 따라 분명한 독자층을 정하고 글을 써야 글이 딴 방향으로 흘러가지 않는다.

또한, 독자층이 분명해야 책을 홍보할 때 효율적으로 할 수 있으며, 투고하는 출판사의 관심을 끌 수도 있다. 육아를 전문으로 하는 출판사에 성공을 내용으로 하는 자기 계발서를 투고해 봐야 소용이 없는 일이다.

무엇을 쓸 것인가와 독자층을 정했다면 다음으로 제목을 정하자.

"눈길이 가야 손길이 닿는다."

제목은 미리 정하고 쓰기도 하고, 가제를 먼저 정하고 난 뒤에 나중에 본 제목을 정하기도 한다. 아니면 어느 정도 분량의 글을 쓰고 난 뒤에 제목을 정할 수도 있다. 그리고 자신이 정한 제목이 출판사와 협의 과정에서 바뀌기도 한다. 출판사는 책을 팔아야 하므로 독자의 눈높이에 맞는 제목을 정하려 한다.

제목의 중요성은 누구나 다 알고 있다. 하지만 얼마나 중요한지는 책을 출판해본 사람만이 그 중요성의 정도를 알 수 있다. 필자는 독자가 책을 선택하는 기준 중에 반이 제목이라는 말을 하고 싶다. 책 쓰는 것은 무척 힘이 든다. 그렇게 힘들게 쓴 책이 독자의 손길이 닿을 수 있게 하는 것이 바로 제목이다. 제목을 바꾸어 대박이 난 책들도 많다.

제목은 사람으로 치면 얼굴이다. 남자나 여자나 얼굴이 잘생긴 사람을 좋아하기 마련이다. 사과도 윤기가 흐르고 동그란 것에 손이 간다.

필자의 세 번째 책 '사랑은 가슴에 꽃으로 못 치는 일'은 제목 덕을 톡톡히 봤다. 출판사에 투고하자마자 출판사 사장님이 출간하자는 제의를 했다. 제목에 끌려 출간 제안을 했다는 말이다. 책을 출간한 후에도 제목이 좋다는 말을 많이 들었다.

제목은 일반적인 것보다는 참신한 것이 출판사와 독자의 이목을 끈다. 〈하마터면 열심히 살뻔 했다〉라든지 〈죽고 싶지만 떡볶이는 먹고 싶어〉라든지, 〈무례한 사람에게 웃으며 대처하는 법〉 등 특색 있는 제목이 독자의 관심을 유발한다. 필자도 제목 정하기가 무척 어렵다. 그럴 때는 다른 사람의 조언을 구하기도 한다. 또한, 인터넷 검색 창에 10년 전 베스트 셀러의 제목은 어땠는지를 살펴보는 것도 하나의 방법이다. 왜냐면 독서의 흐름이 10년을 주기로 반복된다는 설도 있으며, 그것이 아니더라도 그것에서 생각지도 못하는 아이디어를 얻을 수도 있기 때문이다.

또한, 자신이 쓰는 글의 내용을 설명하고 주변의 조언을 구할 수도 있다. 필자가 제목에 대해 고심하던 중 작가인 후배 김하늘에게 제목에

대해 한번 생각해보고 이야기해달라고 요청했다. 그러자 후배가 다음의
제목을 보내왔다.

'지구에 책 한 권 남기고 가자'
'내가 누군데, 책 한 권도 못 쓸까 봐.'
'뭘 써도 책 한 권은 된다.'
'나를 훌쩍 올려 줄 책 쓰기'
'글은 못 써도 책은 쓸 수 있다.'

모두 마음에 드는 제목이었지만 필자는 '지구에 산 기념으로 책 한
권은 남기자.'로 선정했다.

TIP30 제목이 책을 선택하는데 반이다

독자층을 분명히 하자.
그래야 홍보도 효율 있게 할 수 있다.
제목은 참신한 것, 낯선 것이 좋다.
내용과 연관성이 전혀 없거나 식상한 제목, 남이 이미 쓴 제목,
얼토당토않은 제목은 독자가 외면한다.

제목은 얼굴이다. 성공과 실패를 좌우한다.

일단 가제를 정하고 글을 쓰는 내내 제목에 대해 고민하자.

여러 가지 가제를 정하고 주변에 물어보자.

주변에 글 쓴 취지를 설명하고, 제목에 대한 아이디어를 구해보자.

지구에 산 기념으로 책 한 권은 남기자

출간 기획서
작성하기

제목을 정하고 목차를 정하고, 집필을 끝냈다면 출판사에 투고하기 전 출간 기획서를 작성해야 한다. 집필하기 전에 출간 기획서를 먼저 작성하기도 하는데, 초보자에게는 쉽지 않은 일이다. 먼저 쓰든 나중에 쓰든 그건 필자 스타일이다. 만약 집필하기 전에 출간 기획서를 작성한다면, 주제를 일관성 있게 이끌고 갈 수 있다. 또한, 출간 기획서만으로 출판사에서 출간을 결정하는 일도 있는 등 여러 이점이 있다. 하지만 처음 책을 쓰는 작가에게는 출간 기획서를 집필하기 이전에 작성하는 것은 쉬운 일이 아니다.

출판사에서는 수많은 응모작을 일일이 다 읽어 볼 수 없기 때문에 먼저 출간 기획서를 본다. 출간 기획서의 내용이 좋으면, 첨부된 원고를 검토한다. 출간 기획서 내용이 좋으면 그만큼 출간 가능성이 커진다. 출간 기획서에는 다음과 같은 내용을 기재하여야 한다.

1) 제목 : 제목이나 가제를 정하고, 부제를 단다.

2) 저자 프로필 : 저서, SNS 활동, 문단 활동, 자신을 잘 표현할 수 있는 것을 기재한다.

3) 책의 주 내용 : 이 책에는 이러이러한 부분들을 다루고 있다.

4) 기획의도배경 : 이 책을 기획하게 된 의도 및 배경을 기재한다.

5) 예상독자 : 이 책을 주로 읽을 대상을 기재한다.

6) 이 책의 강점 : 이 책의 강점을 기재한다. 강점은 마케팅 활용에 필요하다.

7) 목차

8) 전체 구성 : 총 페이지 수 등 기재

이것 외에도 필요하다고 생각하는 것을 추가하면 된다. 필자의 출간 기획서를 예로 들어보겠다.

지구에 산 기념으로 책 한 권은 남기자

예시) 출간 기획서

제목	쓰는 순간 특별한 삶이 되는 〈 글쓰는 시간 〉
저자 프로필	▶ 성명 : 윤창영 (54세) - 울산 작가, 아동문학지 공동저작 다수, 울산 남구 20년사 중 주요업무성과 부분 집필, 시 에세이 〈사랑이란 가슴에 꽃으로 못 치는 일〉출간, 울산광역시 마을공동체 스토리텔링 북 출간. 논술학원(전), 자기소개서 학원 운영(전) ▶ 오마이뉴스에 정기적인 기고를 하고 있음. 특정 기사 조회 수 10만 돌파, 최고 인기 기사 선정(7일간 조회 수, 추천 수 1위) 외에 다수 기고하는 중임. 2018년 1월 이달의 게릴라 기자 선정, ▶ 대기업을 다니다 그만두고 나와 20개가 넘는 직장을 전전하며 알코올 중독자가 됨. 절망 속에서도 글쓰기를 계속하여 알코올 중독을 극복하고 행복한 삶을 살아감. ▶ 2002년 등단(가곡 보리밭 작사가 박화목 시인의 추천으로 창조문예를 통해 등단) 2005년 울산 작가회의 사무국장 역임, 울산 아동문학회 회원(전), 울산지역신문을 통해 시와 동화 등 다수 발표.
기획 의도	▶ 글을 쓰는 과정을 통해 절망을 이겨내는 삶을 솔직하게 서술함으로, 금전적으로 성공하지 못했다고 해서 실패한 인생은 아니라는 메시지와 진정한 행복의 의미를 알리고자 함. ▶ 숱한 좌절이 어떻게 글이 되는지 솔직하게 보여주므로 힘든 상황에 부닥친 독자들이 이 글을 읽고, 글쓰기를 함으로 힘듦을 극복할 수 있다는 믿음을 주고자 함. ▶ 힘들 때마다 나를 지탱해준 가족에 대한 사랑을 표현함으로 가족의 소중함을 다시 한번 되돌아보는 계기를 마련해주고자 함. ▶ 알코올 중독에서 어떻게 벗어났는지를 경험을 통해 보여줌으로 알코올 중독에 빠진 사람에게 금주를 시작하는 동기를 부여하고자 함. → 오마이 뉴스에 올린 글을 읽은 독자 중 금주를 시작하겠다는 댓글도 여럿 있었음.

이 책의 강점	▶ 살아가면서 겪은 작은 것, 화려함보다는 들꽃 같은 작은 것에서 보물 같은 가치를 발견하여 글을 씀. 이것을 읽는 독자들도 일상의 작은 것에서 행복을 찾는 방법을 알 수 있게 함. ▶ 20전 21기 삶을 보여줌으로 좌절과 절망에 빠진 독자가 다시 일어설 힘을 얻을 수 있게 함. 부정적인 시각보다 긍정의 힘을 믿게 해줌. ▶ 술에 대한 해악의 경험을 있는 그대로 보여줌으로써 술이 결코 답이 될 수 없다는 것을 알게 해줌. 금주를 통해 얻어지는 행복한 삶에 관해 이야기함으로 알코올중독에 빠진 독자에게 희망을 줌. ▶ 사연 곳곳에 시를 함께 넣음으로 딱딱한 산문이 가지는 지루함을 감성으로 극복
예상 독자	▶ 글쓰기에 관심 있는 모든 사람들 ▶ 직장과 사업의 실패로 인해 좌절한 사람들 ▶ 아픈 시대를 살아가는 모든 사람들
목차	〈들어가는 글〉 〈제1장 – 힘들 때마다 버팀목이 되어준 나의 가족 이야기〉 – 20개 소주제 〈제2장 – 일과 술이 섞여 썩은 삶, 글쓰기로 맑아진 삶〉 – 14개 소주제 〈제3장 – 술의 감옥에서 탈출하다.〉 – 13개 소주제 〈제4장 – 문학과 함께 하는 삶(비와 술과 시)〉 – 18개 소주제 〈제5장 – 함께 사는 세상〉 – 16개 소주제 〈제6장 – 쓰는 순간 특별한 삶이 되다.〉 – 4개 소주제 〈마치는 글〉
전체 구성	▶ A4용지 총 100매 (글자크기 10pt)

지구에 산 기념으로 책 한 권은 남기자

TIP31 출간기획서가 출판사에는 책의 내용을 알리는 얼굴이다

출판사가 호감을 느낄 수 있게 출간 기획서를 적자.

출간기획서는 미리 작성하는 것이 좋지만,

책을 처음 집필하는 경우엔 어려운 일이다.

출간기획서를 본문 집필 이전이든 이후에 쓰든 작가 스타일이다.

출판사에서는 응모된 원고에 대해 출간 기획서를 보고 먼저 검토

한다.

출간기획서에 자신이 생각한 마케팅 계획을 쓰는 것도 좋다.

출판사에 투고 시에는 출간 기획서와 함께

목차, 필자의 자세한 프로필, 기타 내용을 첨부하여 함께 보낸다.

CHAPTER **05**

글의 **전개** 및
글쓰기 사례

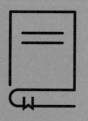

글을 어떻게
구성할 것인가?

글의 구성은 딱 이렇게 써야 한다고 정해진 것이 없다. 논설문에서는 서론, 본론, 결론의 형태나 기승전결의 형태를 지니지만 기행문, 생활문, 자기계발서 등의 글은 그 나름의 형태의 특성을 보인다. 하지만 통상 다음의 구조를 가지고 글을 쓰면 좋다.

1) 서문

글을 쓰게 된 계기, 상황, 본문에서 다룰 핵심 주제 등을 다루면 된다. 이야기를 자연스럽게 끌고 가기 위한 단계이다.

2) 중심이 되는 이야기 서술

이 부분은 중심 스토리를 서술하는 단계이다. 시간 순서대로 쓸 수도 있고, 상황의 변화에 초점을 맞출 수도 있고, 의미의 진행을 단계별로 쓸 수도 있다. 스토리는 하나가 될 수도 있고 그 이상이 될 수도 있으며, 글의 내용에 맞게 적당한 분량으로 쓰면 된다. 경험의 글을 쓴다면 행동 ACTION, 활동ACTIVITY 위주로 쓰는 것이 가독성을 좋게 한다. 또한, 내용을 쓰다가 필요하면 인용을 하는 것도 좋은 방법이며, 경험 위주의 글에서는 대화체가 들어가면 글이 생동감 있어진다.

3) 마무리

글을 마무리할 때는 앞에 쓴 전체적인 이야기의 결과와 내용이 어떤 의미를 지니는지를 적어주는 것이 좋다. 어떻게 보면 마무리의 의미를 찾기 위해 앞의 내용을 쓴 거라고 해도 과언이 아니다. 좋은 글의 승패는 마무리에서 결정된다. 즉 어떤 의미를 부여하느냐가 관건이며, 독자의 감동을 불러일으킬 수 있는 의미를 부여할 수 있느냐가 글의 가치를 결정한다는 말이다. 물론 스토리 전개 과정에서도 부분적으로 의미부여를 할 수도 있겠지만 그렇더라도 마무리 단계에서 최종적으로 의미 정리를 하면 좋다.

TIP32 글의 구성 – SIAR(시알)—F : 시알 먹히게 쓰자

서문 – S(Situation) – 상황, 글을 쓰게 된 배경이나, 동기, 하고자 하는 말

　　　 I(Issue) –본문에서 다룰 내용 소개(Title, Theme, Porblem Tema)

본문 – A(Activity) 자신의 경험이나 중심 되는 내용

　　　 STORY 1

　　　 STORY 2

　　　 STORY 3

　　　 (할 이야기가 많으면, STORY를 추가한다.)

마무리 – R(Result) 글의 결과나 내용 정리

　　　 F(Feel) 전체 내용에 대한 느낌이나 의미부여

글쓰기 사례 1
– 기행문 쓰기

┃　　　　　글의 내용에 따라 구성하는 방식이 다르겠지만, 여행을 다녀온 것을 예로 들어보겠다. 글의 뼈대를 잡아 시간 순으로 배열하면 다음과 같다.

　　1) 여행일정 및 일행, 가게 된 동기나 목적

　　2) 떠나기 전의 기분, 기대

　　3) 떠나는 날의 날씨, 기분 등

　　4) 이동 중 했던 이야기나 휴게실에서 먹은 것

　　5) 목적지에 도착했을 때의 기분

　　6) 시간별로 본 것 들은 것,

지구에 산 기념으로 책 한 권은 남기자

7) 일행과 나눈 이야기, 목적지에서 있었던 일

8) 맛있게 먹은 음식,

9) 그곳에서의 에피소드

10) 숙박한 곳의 분위기나 정경

11) 다음 날 있었던 일을 첫날에 준해서 작성

12) 돌아올 때 있었던 일과 상황

13) 여행에 대한 의미부여

이것은 말 그대로 뼈대이다. 생선으로 치면 뼈가 된다. 이 뼈에 살을 붙이면 고기 모양이 되고 의미를 부여하면 고기가 살아난다.

다음은 필자가 쓴 기행문이다. 울산에 사는 필자 가족이 서울에 사는 큰아들 집을 다녀온 기록이다. 만약 기록으로 남기지 않았다면, 얼마의 시간만 흘러도 서울에 갔다 온 사실조차 희미해져 버린다. 가능하면 자세하게 쓰려고 했고 대화체를 넣어 글을 생동감 있게 표현하려 했다. 또한, 마지막에 이 여행에 대해 의미부여를 했다. 참고로 내용마다 ⟨ ⟩안에 큰 글씨로 설명을 덧붙였다.

가족의 힘!

울산 농수산물 시장에서 회를 사서 나온 시간이 아침 8시였다. 서울에 있는 큰아들을 보기 위해 아내와 둘째 아들과 함께 1박 2일 일정으로 여행을 시작했다. 날씨는 화창했고, 아침을 먹지 않았기에 햄버거를 사서 먹으면서 여행하는 설렘에 들떠 있었다. 〈목적지, 동행하는 사람, 출발하는 날의 표정〉 고속도로에 진입하여 핸드폰으로 목적지인 서울 영등포를 찍으니 도착 시간이 12시 40분 정도가 되었다. 계속 달리다 보니 핸드폰은 새로 생긴 '영천, 상주 고속도로'로 안내했다. 이 길은 처음 가는 길이었지만, 개통되었다는 소식은 진작에 들었기 때문에 망설임 없이 진입했다. 길은 막힘없이 뻥 뚫려 있었고 상주를 지나자 충주로 향하는 중부 내륙고속도로로 진입했다.

괴산 휴게소에 들러 잠깐 휴식을 취하고 계속 나아가자 여주 부근에서 영동고속도로로 진입했다. 그리고는 서해안 고속도로까지. 시간은 경부고속도로로만 달리는 과거와 비교해, 한 30분 정도가 절약된 4시간 정도가 소요되었다. 가만히 생각해보니 4개의 고속도로를 지나온 셈이었다. 〈여행 경로〉

서울에 도착하여 사 들고 간 회를 큰아들과 친구들에게 먹게 하고는 노태권 형님 부부를 만나고 돌아왔다. 큰아들을 보니 약간 살이

지구에 산 기념으로 책 한 권은 남기자

빠져있었다. '새로운 사업장을 친구들과 함께 직접 리모델링 공사를 한다고 힘이 들었구나.' 하는 생각이 들었다. 그러자 예전에 어른들이 곧잘 하던 말이 생각났다.

"얼굴이 반쪽이 됐네."

예전에는 이 말이 과장이 너무 심한 말이라고 생각했는데, 신기하게도 큰아들을 보자 그런 느낌이 들었다. 옛날 말은 틀린 게 없다는 생각도.

큰아들이 일을 마치기를 기다렸다가 그가 사는 원룸으로 가서 울산에서 가져간 이불이랑 짐을 올려놓고, 그곳에 있던 겨울이불이랑 옷 등을 가져오기 위해 차에 실었다. 그리고는 함께 저녁을 먹었다. 식사를 마친 후 어디 구경하러 가기에는 시간이 어중간했다. 경복궁엘 가자, 이태원엘 가자, 석촌 호수에 가자. 의견이 분분했지만 결국 찜질방에 가서 쉬기로 했다.

두 아들을 데리고 먼저 목욕탕엘 갔다. 무척 오랜만에 함께 갔는데, 세 명이 모두 말수가 적었다. 여자들 같았으면 아마도 재잘재잘 말들이 많았으리라. 탕에 들어가 앉아 있는 두 아들을 보니 세월이 참 빠르다는 걸 느꼈고 듬직한 마음이 들었다. 그리고 둘째는 살이 너무 많이 쪄서

"꼭 일본 스모 선수 같네."

라면서 웃었다.

목욕탕을 나와서 찜질방으로 올라갔는데, 모두는 피곤하였던지 일찍 잠자리에 들었다. 〈첫째 날 있었던 일을 시간 순서대로 상세하게 서술〉 한참을 자던 중 어디서 숨이 넘어가는 소리가 들렸다. 한 사람이 어찌나 코를 심하게 골던지 도저히 잠을 이어갈 수가 없었다. 그때가 새벽 세 시 정도 되었다. 잠을 잘 다른 장소를 물색했으나 어디를 가나 꼭 한 사람씩은 코를 고는 사람이 있었다. 잠귀가 밝아 옆에서 소리가 들리면 잠을 이루지 못한다. 1시간 정도를 돌아다니다 적당한 장소를 발견하고 누웠는데, 그곳은 냉기가 느껴질 정도로 추웠다. 이리 뒤척 저리 뒤척이다 결국은 선잠을 자다가 깨어났다.

아침에 일어나니 큰아들도 잠을 설쳤다고 하는데, 아내와 둘째는 세상모르고 잠을 잤다고 한다. 어떻게 이럴 수가 있는 건지. 〈밤사이 있었던 일〉

찜질방을 나와서 아침을 먹자고 하니 아들이 시간이 없다고 하여 함께 아침을 먹지 못했다. 아내가 잔소리 한마디를 했다.

"여기까지 와서 함께 가족끼리 아침을 먹어야지. 시간이 없으면 미리 준비해야 할 것 아니야?"

엄마의 잔소리에 큰아들 인상이 굳어졌다.

"엄마, 어제 다른 사람이 코 고는 소리 때문에 잠 한숨 못 잤어요. 오늘 200만 원짜리 홍보 방송을 찍어야 하는데, 준비를 다 못해서 일찍 가서 준비하려고 하는 거예요."

라고 화를 내며 말했다. 그 말에 미안해진 아내는

"아! 그랬구나."

하면서 입을 다물었다. 아내는 항상 바른말을 하지만 받아들이는 아들들은 항상 그 바른말을 잔소리로 듣는 것이 문제였다. 하지만 어쩌랴? 그것이 엄마의 본능이니. 큰아들을 작업실까지 태워주고 울산으로 향했다. 〈둘째 날 아침에 있었던 일〉

내려올 때도 올라갈 때와 같은 코스로 왔다. 문경새재 휴게실에서 잠시 쉬었는데, 그 사이 아내가 곶감을 사 왔다. 12일 동안 휴가를 보낸 것이 걸렸던지 아내가

"이것 회사 이사님 갖다 주려고 하는데 당신 생각 어때요?"

라고 말하자 대뜸 둘째가

"할머니 드려요, 곶감 좋아하시던데."

그 말을 듣자 둘째가 무척 대견하다는 생각이 들었다. 우리는 왜 그 생각을 못 했을까? 하는 반성도 되었고. 아내에게

"그래, 그것은 할머니 갖다 드려요."

그렇게 해서 그 곶감은 할머니 드리기로 하고 한참을 달려가니 아내가 문득 생각이 났던지

"경주 들렀다 가요. 언니 집 부근에 있는 미용실에 가서 머리를 좀 해야겠어요. 내일 휴가 끝나고 출근을 하니 좀 멋지게 해서 가야겠어요."

"울산에 가서 하면 안 돼요? 몇 시간이나 기다려야 할 건데."

"잠시 머리 커트만 하면 돼요."

잠시 생각을 하다가

"아! 그렇게 해요. 기다려주지 뭐. 성호야 너 생각은 어때?"

"저는 피곤해서 자면 되니까 좋을 대로 하세요."

이렇게 해서 차는 경주로 향했다. 아내는 미용실로 가고 둘째는 차 안에서 자고 나는 처형이 운영하는 목욕탕엘 가서 쉬었다. 그런데 잠시면 끝이 난다는 머리 손질이 2시간 30분이나 걸렸다. 기다리면서 짜증도 났지만 '어차피 원하는 것 들어주는 것인데 기분 좋게 하자'라고 생각하며 마음을 다독였다. 머리 손질을 끝내고 돌아오는 차 안에서 아내의 휴대폰이 울렸다. 큰아들이었다.

"어머니, 아침에 화내서 미안해요."

"괜찮아, 우린 다 이해한다. 방송은 잘 마쳤니?"

"예, 내일 한 번 더 남았어요."

"방송 때문에 네가 예민해져 그랬다는 거 다 안다. 전혀 신경 쓰지 말고 내일 방송 잘해라." 〈돌아오는 길에 있었던 일, 대화〉

운전하면서 아내와 큰아들이 대화하는 것을 들으니 이것이 가족의 마음이구나 하는 생각이 들었다. 서울까지 가서 밥을 챙겨 먹이고 싶은 엄마의 마음, 화를 내었지만 금방 풀어져 마음이 쓰이는 아들의 마음. 할머니를 생각하는 둘째의 마음.

여기까지의 글은 남들이 모두 가진 특별할 것이 없는 마음이지만 생각하기에 따라서는 특별한 마음이 된다. 내가 글을 쓰는 이유도 바로 이런 데에 있다. 이런 특별할 것이 없는 마음이 바로 보물임을 알게 해주기 위해서다. 의미를 부여하지 않고 지나 가버리면 특별할 것이 없는 일상이지만 의미 부여하기에 따라 특별하고 보물이 된다. 글을 쓰는 이유는 이처럼 일상에서의 보물을 찾기 위해서이다.

서로서로 생각해주는 마음은 가족 구성원들에게 힘이 된다. 세상이라는 숲에서 자신이 자리한 땅에서 뿌리를 내리고 설 수 있으려면 자양분이 필요하다. 가족은 땅이며 그 땅속에서 서로에 대한 사랑은 자양분이 된다. 가족들은 이 자양분을 뿌리에서 퍼 올려 가지며 잎에다 공급한다. 그 자양분을 먹고 나무는 튼튼하게 자라며 열매를 맺게 된다. 〈이 여행에 대한 의미부여〉

어떻게 이렇게 긴 글을 생생하게 적었을까? 긴 글을 쓸 수 있었던 비결은 다름 아닌 메모의 힘이다. 여행을 하려고 할 때 이번 여행을 글로 쓸 것을 계획했고, 여행 중에 일이 생길 때마다 메모를 했다. 돌아와서 그 메모를 바탕으로 기억을 되살려 한 편의 글을 썼다. 누구나 여행을 한다. 그럴 때마다 메모를 한 뒤, 여행을 마치고 돌아와서 글을 쓴다면, 훌륭한 한 편의 기행문이 탄생하게 된다.

지구에 산 기념으로 책 한 권은 남기자

글쓰기 예시 2
– 생활문 쓰기

자신이 겪은 삶을 쓰는 글을 생활문이라고 한다. 생활문은 스토리가 중심이 되고 그것에다 의미를 부여하면 된다. 생활문 쓰는 방법도 시간의 흐름에 따라 쓰면 쉽다. 다음 글은 살을 뺀 이야기이다. 필자 경험을 스토리로 쓴 후 의미를 부여하였다.

> 하루 3kg 살 빼기 도전
>
> 거실에 작은 칠판이 하나 있다. 그 칠판에는 잊기 쉬운 일들을 메모하기도 하고 가족 각자가 서로에게 하고 싶은 말을 적기도 한다. 얼마 전 그 칠판에다 "나는 매일 도전한다."라는 말을 적었다. 그리고

아침 산책을 할 때마다 어떤 도전을 하면 좋을까 하고 생각한다. 매일 아침 태화강변을 산책하는데, 잘 가꾸어진 강변을 걷는 것은 그 자체만으로 뇌를 자극해 좋은 생각을 가져온다. 요즈음 이시형 박사의 "세로토닌 하라!"라는 책을 읽고 있는데, 그 책의 내용을 빌리자면 걷는 것이 뇌의 세로토닌 분비를 촉진한다고 한다. 세로토닌을 한 마디로 이야기하기는 어렵지만 이 책을 읽고 나름 정의를 내린다면 긍정 호르몬이라 부르고 싶다. 물론 책 내용 중에 세로토닌을 행복 호르몬, 조절 호르몬, 공부 호르몬이라 정의하기도 한다. 내가 느낀 세로토닌은 세상을 긍정적으로 보게 만들어주어 문제해결력과 새로운 생각을 갖게 하는 긍정 호르몬이다. 〈서문〉

아침에 태화강변을 걷다 보면 강물 위로 파닥거리며 뛰어오르는 싱싱한 물고기를 볼 수 있다. 오늘 아침에도 태화강변을 걷다가 튀어오르는 싱싱한 물고기를 보았다. 그것을 보자 머릿속 뇌의 강에서도 싱싱한 생각 하나가 파닥거리며 뛰어올랐다. 그 물고기는 다름 아닌 '살 빼기 도전'에 대한 생각이었다. 살 빼기에 대해서는 그 전의 스토리를 먼저 살펴보아야 한다. 둘째 아들 몸무게가 3개월 전만 하더라도 103kg이었다. 어느 날 나에게 아들이 살 빼기에 도전하여 85kg까지 빼겠다고 했다. 18kg을 빼는 것이었는데, 설마 했다. 그때까지 아들은 매일 치킨이나, 피자나, 햄버거, 초코파이 한 통을 먹는 식탐 최고의 청년이었기에.

"좋다. 한번 해봐. 달성하면 아빠가 10만 원의 상금을 줄게. 또한 아빠도 75kg까지 살을 빼는 것에 한번 도전해 볼게."

그 말을 하던 당시 몸무게는 83kg이었고, 예전에 다이어트를 해서 75kg으로 줄인 적이 있었기에 자신이 있었다. 그때는 슬림하다는 소리를 많이 들었는데, 몸 관리를 하지 않았기에 몸무게가 다시 원 상태가 되어버렸다. 그때 몸무게를 뺀 것을 기념하여 옷도 여러 벌 샀는데, 다시 살이 찌니 입을 수가 없었다. 살 빼기는 나에게도 필요했다. 이렇게 해서 둘째와 나의 살 빼기 도전은 시작되었다. 그런데 불가능할 것이란 생각과는 달리 아들은 약 2주 전에 85kg 살 빼기 목표 달성에 성공했다. 이건 아들에 대한 관념을 완전히 바꾸어버린 하나의 사건이었다. 그런데 난 1kg도 빼지 못했다. 아들은 다시 80kg으로 목표를 정했고 지금 81kg까지 몸무게를 뺀 상태다.

이런 아들을 보면서 아버지로서 부끄러운 생각이 들었다. 그런 외중에서 어제 태화강변 아침 산책을 하는 중에 '다시 살을 빼자'라는 싱싱한 물고기가 뇌의 강물 위로 뛰어오른 것이다. 막연한 목표보다는 구체적인 목표를 정했다. 오늘까지 80kg의 벽을 깨어보자는 것이다.

이런 생각을 하게 된 것은 텔레비전 프로 백년손님에서 이만기가 하루에 3kg을 빼려고 노력하는 장면이 떠오른 것이 계기라면 직접적인 계기였다. 할 수 있다는 생각을 했고 도전을 시작했다. 〈살 빼기를 시작한 동기〉

아침 산책을 마치고 집에 와서 몸무게를 측정해보니 82.4kg(산책하기 전에 몸무게를 재었다면 아마도 83kg이 나왔으리라.)이었다. 우선 식사량을 대폭 줄였다. 이 방법은 둘째가 시도해서 성공한 방법이었다. 간장 종지에 밥을 담아서 아침, 점심, 저녁을 먹었다. 그리고 둘째 날 아침, 일어나자마자 체중을 달아보니, 81.4kg. 식사 조절만으로 1kg이 줄어 약간 만족감이 들었지만 목표에는 턱 없이 모자라는 숫자였다. 태화강변으로 산책을 하러 갔고 다른 날보다는 약간 먼 거리를 걸었다. 그런 후 집에 와서 몸무게를 재니 80.8kg이었다. 조금만 더 노력하면 될 것 같다는 생각이 들어 줄넘기를 가지고 근처에 있는 초등학교로 향했다. 그곳에서 줄넘기 2,000회를 뛰었고 바로 목욕탕으로 향했다. 옷을 벗고 몸무게를 재니 79.85kg, 80kg의 벽을 깨는 목표는 달성을 했다. 하지만 욕심이 생겼다. 그래서 열기욕실에 수건으로 얼굴을 감싸고 들어가 땀을 뺐다. 그리고 냉탕과 온탕을 오갔다. 50분 정도 목욕을 하고 밖으로 나와 몸무게를 재니

지구에 산 기념으로 책 한 권은 남기자

79.15kg이 되었다. 애초에 목표했던 80kg의 벽을 깬 것을 넘어 3kg 몸무게 빼기에 성공했다. 〈과정 및 결과〉

"나이 들어서 급하게 몸무게를 빼면 건강에 좋지 않다."

라는 이야기를 간혹 듣곤 한다. 하지만 자신이 컨트롤할 수 있는 정도라는 판단이 선다면 도전해 보는 것도 의미 있는 일이라고 생각한다. 나이가 든다는 의미는 무엇을 하지 못한다는 의미가 아니다. 나이가 들어도 의지만 있으면 무엇이나 할 수 있다는 것을 느꼈다. 살빼기 경험을 하며 나에게, 그리고 다른 사람에게 말하고 싶다.

"도전하기에 늦은 나이는 없다." 〈의미부여〉

이 글을 읽어본다면 소재가 그리 특별하지 않음을 알 수 있다. 심지어 "이런 것도 글을 써?" 하는 사람도 있지 않을까? 하지만 아니다. 살아가는 모든 삶이 글의 재료가 될 수 있다. 문제는 어떻게 의미를 부여하느냐이다. 스토리만 시간 순으로 나열했다면 날지 못하는 닭에 비유할 수 있지만, 의미를 부여하면 날개에 힘이 생겨 하늘을 나는 독수리가 된다.

글쓰기 예시 3
– 주변의 사연에 의미부여

글 쓸 거리는 자기 이야기만 쓰는 게 아니라, 살다가 보고 느낀 점도 하나의 훌륭한 소재가 될 수 있다. 살아가다 보면 주변에서 일어나는 일이 굉장히 가치 있는 느낌으로 다가올 때가 있다. 글을 쓰는 사람이라면 그런 것을 놓치지 말고 의미부여를 해야 한다. 이기주 작가의 '언어의 온도'가 이런 것들을 탁월하게 서술하여 베스트셀러가 되었다. 다음 글은 필자 주변의 '후배 아버님의 사연'을 글로 적어 예로 들었다.

졸업장 들고 얼라 되자

"열정은 노년의 삶마저도 아름답게 만든다."

이런 생각을 하게끔 한, 인생을 참 멋지게 살아가고 계시는 분을 만나 행복했다. '나도 저렇게 살 수 있을까, 저렇게 살았으면 좋겠다.' 라는 생각이 들 만큼.

독서 모임 '풍경소리' 야외수업이 한 회원의 부모님 집에서 있었다. 울산에서 경주 넘어가는 길목인 척과에 있는 전원주택이었는데 정원이 아주 근사했다. 정원 중간에 연못을 만들고 연못 속에는 우리나라 국토의 모양을 만들어 놓았다. 독도를 상징하는 물개 형상의 돌까지 있었다. 그리고 아버님의 나라 사랑이 얼마나 지극한지 우리나라 땅 모형 중간에 국기봉을 설치하고 태극기를 달아 놓으셨다. 정원 옆에는 아이들을 위한 그네와 텃밭이 있었다. 그것도 부러웠지만, 그것보다 더 부러운 것이 아버님 노년의 삶이었다. 〈글을 쓰게 된 배경〉

연세가 80이 넘었지만, 아직 건강하셨고 나이보다 훨씬 젊어 보였다. 자식들을 전부 예쁘게 키웠고, 나이가 들었어도 여전히 당신이 하고 싶은 일을 하면서 살아가시는 모습이 정말 좋아 보였다.

농소초등학교를 졸업하신 지 66년째 되는 날, 90대인 선생님을 모시고 동기회를 했다고 한다. 아마 전무후무한 일이 아닐까 싶다. 얼마나 멋지고 아름다운 모습인가.

안내문이 너무 멋져 몇 구절만 소개하기로 한다.

- 농소초등학교 21회 모임 안내-

"할매야, 할배야 졸업식 하러 가자."
"졸업장 받아 들고 다시 한번 울어 보자. 그리고 얼라 되자."

안내문 내용도 직접 아버님이 작성하셨단다. 세상의 어떤 문학 작품이 이런 멋진 표현을 할 수 있으랴? '얼라'란 말은, 아기의 경상도 사투리로 요즈음은 거의 사용하지 않는다. '얼라' 이 한 마디만으로도 충분히 가슴이 벅찼다. 난 말보다는 글이 익숙해 그렇게 감동하고도 그 표현을 아버님께 제대로 해 드리지 못해 굉장히 죄송했다. 아니 너무 감동해 말이 제대로 나오지 않았다는 것이 더 정확한 표현이리라.

90살이 넘은 선생님이 제자에게

"너희들이 왜 이렇게 되었느냐? 그땐 너희들이 졸업한다고 울었지만, 너희 모습을 보니 오늘 내가 다시 눈물이 나는구나."

라고 말씀하시며 눈물을 뚝뚝 흘렸다고 한다. 제자들이 늙어버린 모습이 그리도 선생님에게는 아픔이었다. 세월의 무상함도 느끼셨을 테지만, 제자들의 모습을 보고 선생님이었던 자신의 인생이 절대 헛되지 않았다는 감격도 그 눈물 속에는 포함되어 있지 않았을까? 〈후배 아버지의 스토리〉

지구에 산 기념으로 책 한 권은 남기자

이토록 아름다운 동기회. 세상 어디에서 볼 수 있으랴. 내년에도 내후년에도 계속 이 아름다운 모습이 이어지기를 간절히 바란다. 아버님도 이후로도 오랫동안 인생에서 조퇴하지 않기를 바란다. (먼저 돌아가신 친구 분들을 조퇴했다고 아버님은 표현하셨다) 그리고 80살이 넘은 노년의 삶이지만 이토록 열정적으로 삶을 가꾸어 가는 모습은 정말 아름다웠다. 아버님을 보고 열정은 나이와는 무관하다는 것을 알게 되었고 열정을 가진 삶이 진정 아름다운 삶이라는 것도 느낄 수 있었다.

자식들의 지인들을 위해 기꺼이 정원을 빌려주시고 함께 어울려 놀아도 주시는 모습에 반해 '나도 나이가 들면 저렇게 살아야지'하는 생각을 했다. 〈의미부여〉

글쓰기 예시 4
– **하나**의 **경험**에 대하여 **자세**하게 **서술**하기

자기 계발서를 쓰다보면 하나의 경험을 자세하게 기술하는 상황을 자주 접하게 된다. 왜냐하면 자신의 경험에서 나온 글이 살아 있는 글이 되기 때문이다. 이 글은 필자의 글쓰기에 변곡점이 된 스토리다. 울산 남구 20년사를 쓰고 난 뒤 전업 작가의 길을 걸어가고 있기 때문이다.

울산 남구 20년사 저술

이 일을 시작하기 몇 달 전에 대학 후배로부터 울산 남구청에서 남구 20년사 책을 만드는데 작가로 참여할 생각이 있느냐는 전화를 받

았다. 바로 하겠다는 답변을 하고 전화를 끊었지만 한 번도 이런 일을 한 적이 없어 주저되었다. 몇 번이나 망설임 끝에 후배에게 다시 전화를 걸었다.

"글 쓰는 일이라면 자신이 있는데, 남구 20년사는 역사를 쓰는 것인데 내가 정말 할 수 있을까?"

"선배님, 충분히 할 수 있는 일입니다."

"그래, 알았다. 네가 나를 잘 알고 있으니 네가 할 수 있다면 할게."

무작정 글 쓰는 것이 좋아, 글을 쓰는 것이 내 일이라는 생각이 들어 다니던 회사를 과감히 그만두고 무작정 시작했다. 언제 역사를 서술한 적이 있는가? 잘할 수 있을까? 하는 생각이 들었지만, 글을 쓰는 것에 주저한다는 것은 글쟁이의 자존심이 허락하지 않는 일이라는 생각이 들어, 무작정 맨땅에 헤딩하는 심정으로 시작했다. 또한, 울산 남구 20년사를 저술한다는 것은 개인적으로도 의미가 있는 일이라 생각했다. 〈이 일을 시작하게 된 배경〉

처음에 남구청 기획실에 출근할 때는 많이 어색했다. 무덤덤하고 무엇부터 해야 할지 막연하기만 하고 아는 사람이 없어 낯설고 시간도 잘 가지 않았다. 하지만 가슴 밑바닥으로부터 올라오는 글을 쓴다는 뿌듯함이 글을 쓰게 만들었다.

송충이는 솔잎을 먹고 산다는 말이 있다. 그런데 글쟁이는 글을 먹고 살지 못한다. 돈이 되지 않기 때문이다. 특출한 몇몇을 제외하고는 글이 생계유지 수단이 되지 못하는 것이 현실이다. 하지만 글쟁이에겐 글이 돈이 되어야 한다는 것이 오랜 생각이었다. 그래서 오래전부터 시를 적었고, 논술학원을 했고, 자기 소개서 컨설팅을 하였으며, 누군가의 자서전 컨설팅도 하고 있다. 구청 일도 이런 생각의 연장선에 있었다. 최소한 여기에서는 많지는 않지만, 월급을 받는다. 글쟁이로서 글이 돈이 된다는 것은 많고 적고를 떠나서 보람 있는 일이다.

3개월 기간제 일이었다. 다니던 회사를 그만두고 이곳에 왔는데, 그 기간이 끝나면 또 무슨 일을 하게 될까? 하는 생각이 들었지만 그건 그때 가서 생각하기로 했다. 그곳의 공무원은 친절하였으며, 많은 배려를 해주었다. 3개월 동안 아침 9시에 출근하여 퇴근하는 오후 6시까지 하루 8시간 동안 글만 썼다. 8시간 동안 글을 쓰는 것은 일종의 노동이었다. 하지만 너무 즐거운 노동이었다. 다른 사람 같으면 아마 쉽지 않은 일이었겠지만, 나에게는 너무 즐거운 일이고 보람된 일이었다. 이곳에서 A4용지 300장 분량의 글을 적고 5번 이상 퇴고를 하였다.

20년사 중에서 주요 성과 부분을 백서 등의 자료를 보고 적었는데,

울산 남구에서는 20년 동안 정말 많은 변화가 있었구나 하는 생각이 들었다. 또한, 남구청에서 어떤 일을 하는지에 대해서도 자세하게 알 수 있는 기회가 되었다. 〈이 일에 대한 설명과 글쟁이에 대한 자신의 생각〉

울산시가 울산광역시로 승격된 것은 1997년 7월 16일이었다. 그때 울산 남구도 자치구로 승격되었고 2017년이 20주년이 되는 해였다. 울산 토박이인 나로서는 남구가 발전되는 것을 지켜본 산 증인이었다. 삼산벌은 그저 평야에 불과하였는데, 20년 만에 울산의 중심이 되었다. 중구에 있던 울산역과 고속버스 터미널, 시외버스 터미널이 이동하였고, 그에 따른 주변 시설도 이곳으로 다 이동했다. 롯데 백화점, 현대 백화점이 들어서고 고층 건물들이 길을 따라 즐비하게 들어섰다.

인구도 엄청나게 늘어났으며, 취약계층에 대한 복지 인프라도 많이 구축되었다. 또한 울산 KBS와 울산 문화회관 등 문화시설도 들어서 문화의 구심점 역할을 하게 되었으며, 문수구장 등 체육 시설이 들어서 월드컵 경기를 치르기도 했다. 1986년부터 포경업이 중단이 되어 폐허가 되어가던 장생포를 고래문화 특구로 개발하였고, 고래축제를 해마다 개최하여 울산이 우리나라 고래문화의 중심이 되게 하

였다. 〈남구 20년사 내용에 대한 서술〉

이 일을 하면서 특별히 기억에 남는 것은 고래다. 고래를 제외하고
는 울산을 말할 수 없다. 반구대 암각화에 새겨진 고래를 보면 선사
시대부터 울산 사람은 고래와 함께 생활하였음을 알 수 있다. 지구
에 사는 동물 중 가장 큰 동물이 고래이다. 그중 울산이 고향인 고래
가 귀신고래이다. 귀신고래는 울산에서 태어나 오호츠크 해로 올라
갔다가 새끼를 낳을 때쯤 다시 울산 장생포 앞바다로 내려온다. 장
생포 앞바다는 귀신고래회유회면으로 지정된 지 오래다. 하지만 무
분별한 포획으로 인해 1970년대부터 귀신고래는 더 이상 장생포로
돌아오지 않는다. 하지만 오호츠크 해에는 아직 서식 중이라고 한다.
2005년 세계고래 포경위원회(IWC) 총회가 장생포에서 개최가 되었
으며, 울산도 고래를 포획보다는 고래축제를 여는 등 관광 상품으로
개발하여 장생포는 다시 활기를 띠고 있다. 포경이 금지된 지 30년
이 넘었고 우리 민족의 영원한 친구인 귀신고래를 다시 보게 되기를
기대해본다. 〈특별히 기억에 남는 것인 고래에 대한 서술〉

이러한 성과를 저술하였고, 그것이 책으로 나오게 되었다. 3개월이
라는 짧은 기간 동안 나름 최선을 다해 저술을 끝냈다. 편집은 남구

지구에 산 기념으로 책 한 권은 남기자

청 기획실에서 알아서 하기로 했다. 이 책이 나오면 내 인생 첫 책이 나오게 된다. 글은 위대하다. 언젠가 인생을 마감하고 이 세상을 떠난다. 하지만 이 책은 언제까지나 남게 되리라. 비록 짧은 기간이었지만 글쟁이로서 참으로 의미 있는 일을 했다고 생각한다.〈 이 일에 대한 의미 부여〉

※ 참고 : 2017년 10월에서 12월까지 집필한 '울산남구 20년사'는 2018년 6월에 발간되었다. 총 700페이지 분량의 책인데, 그중에 필자는 울산의 과거와 현재 사진을 찾아 정리했으며, 중요성과 부분을 집필했다. 나머지 부분은 울산 남구 의회에서 제출한 자료와 울산 지역 전문가들에게 의뢰하여 받은 원고로 구성되었다.

글쓰기 예시 5
– 자신의 경험과 사회문제 연결하기

ㅣ　　　　사회라는 물에서 사는 인간은 물고기와 같다. 사회를 떠나서는 살 수 없기에 많은 부분 사회문제를 다룰 때가 있다. 사회 이슈만 다루면 주장글이 되어 글이 밋밋해진다. 하지만 자신의 경험과 사회문제를 결부하면 내용에 스토리가 생겨 글은 훨씬 재미있어진다. 또한, 읽기도 편하고 공감도 하게 되며, 설득력도 가지게 된다. 다음 내용은 청년 창업 문제와 필자의 경험을 연결하여 작성한 글이다.

청년 창업 "그들의 땀을 격려하자."

울산시가 후원하는 청년 창업센터가 옥동에 생겼다. 길을 가다 문득 아내는 여기에 한 번 들어가 보자고 했다. 서울에서 창업한 큰아들이 생각난 탓이다. 큰아들은 친구 두 명과 함께 '트레비아'라는 상호로 가죽 공방을 열었다. 창업 2년째를 맞는 아들은 나름 열심히 한다고 하지만, 아직 구체적인 성과가 없어 몸고생, 마음고생이 무척 심한 상황에 있다. 그런 아들을 둔 엄마였으니, 청년 창업이 남 일처럼 느껴지지 않았으리라. 〈시작하는 글, 글을 쓰게 된 배경〉

전시장은 1, 2층으로 되어 있었는데, 각각 코너별로 상품 종류가 다른 매장들이 들어서 있었다. 옷과 액세서리, 차, 등등 상품도 다양했다. 아내는 매장을 둘러보더니 액세서리 파는 가게로 들어갔고 그곳에서 팔찌를 하나 샀다. 가격이 3만 5천 원이었는데, 아내는 5천 원을 더 주면서 말했다.

"저한테도 서울에서 창업한 아들이 있어요. 응원 차, 맛있는 커피 한잔 선물하고 싶네요. 잘 되면 좋겠어요."

라고 말을 하면서 4만 원을 주었다.

"아이고, 어머니 고맙습니다. 어머니 같은 사람은 처음 보네요."

〈청년창업의 내용과 자신이 경험한 것 결부하기〉-STORY1

그 광경을 보면서 마음이 약간 불편했다. 현재 내가 돈을 벌지 않는 상황에서 꼭 필요하지 않은 지출은 하지 않았으면 좋겠다는 생각이 들었다. 4만 원이라는 돈은 현재 우리 형편에 적지 않는 돈이었고, 액세서리는 당장 생활에 필요한 물품도 아니었기 때문이다. 하지만 아내는 돈을 헤프게 쓰는 사람이 아니었고, 자신을 위해서는 커피 한 잔 마시는 것도 아까워하는 사람임을 알기 때문에 아무 말도 하지 않았다.

돌아오면서 아내는 기분 좋게 웃으면서 말했다.

"돈은 이렇게 쓰는 거예요. 내가 청년들에게 잘해 주면 누군가도 서울에 있는 내 아들을 응원해 주는 사람도 있겠죠."

그렇게 말하는 아내의 말을 들으니 잠시나마 불편했던 마음이 뿌듯한 마음으로 바뀌었다.

"맞아요. 잘했어요."

집에 돌아와서 겉옷을 벗는데, 아내가 산 팔찌가 아닌 다른 팔찌를 하나 더 끼고 있었다. 아내가 산 팔찌를 사기 전에 한 번 껴본 것을 벗어놓지 않고 그대로 끼고 온 것이다. 깜짝 놀라서 아내는 바로 전화를 했다.

"집에 와서 보니 아까 껴본 팔찌를 벗어놓지 않고 그냥 왔네요. 내일 가져다 드릴게요." 〈자신이 경험한 것〉-STORY2

취직하기 어려운 상황에서 많은 청년이 창업을 선택한다. 하지만 창업의 길은 험난하다. 나도 창업을 하여 성공하지 못한 경험이 있기 때문에 창업한 청년들의 고생을 짐작하게 된다. 하지만 젊은 패기로 도전하여 비록 성공하지는 못할망정, 그 경험은 그대로 자신들의 자산으로 남게 되리라. 그리고 그들은 세상에 대해 많은 것을 배우게 되리라. 물론 성공하면 좋겠지만.

시도하지 않은 것보다는 비록 성공하지 못하더라도 시도해보는 것이 백번 낫다. 하지만 시작하기 전까지는 할 수 있는 모든 사실을 점검하여 철저한 준비를 해야 한다. 준비하는 과정도 하나의 중요한 경험이 된다. 창업은 성공할 확률보다는 실패할 확률이 더 높다는 통계가 있다. 비록 실패하더라도 실패를 통해 많은 것을 배운다면 그것만으로 가치 있다.

"하면 된다."

"긍정적으로 생각해라. 그러면 될 가능성이 더 커진다."

등의 많은 듣기에 좋은 말들이 있다. 그렇지만 이 말이 모든 상황에 적용되는 것은 아니다. 성공하기 위해서는 그만한 대비를 해야 한다.

〈의지만으로 안 되는 것이 사업이다.〉〈창업에 대한 자신의 생각〉

기성세대들이 모두 아내와 같은 마음을 가진다면, 청년들이 지금보다 한결 자립하기가 쉽지 않을까? 그들이 자립해야 결혼도 하고 아이도 낳아 기를 수 있게 된다. 그래야 우리의 장래가 밝아진다. 취업하기 힘든 상황을 만들어 청년들을 험로로 내몬 것이 다름 아닌 기성세대들이다. 그런 책임을 일정 부분은 기성세대들이 나누어 져야 한다. 용기를 내어 고생길로 접어든 청년들을 응원해야 할 의무가 기성세대에 있다는 말이다.

〈그들의 땀을 격려해 주어야 한다.〉

아내의 말을 다시 한번 되새겨본다.

"돈은 이렇게 쓰는 거예요. 내가 청년들을 응원하면 누군가도 서울에 있는 내 아들을 응원해 주는 사람도 있겠죠." 〈이글에 대한 의미 부여〉

글쓰기 예시 6
– 주변 사람과 함께 살아가는 이야기

글을 쓰게 되면 주변 사람에 대한 글을 자주 쓰게 된다. 글의 주인공이 배우자가 되기도 하고, 부모가 되기도 하고 자녀가 되기도 한다. 또한, 친구가 되기도 하고, 어쩌다 스친 사람에 대해 쓰기도 한다. 다음 글은 필자의 어머니에 대한 이야기이다. 콩나물과 어머니란 주제로 삶의 일상을 묘사했다.

> 콩나물 할머니 집
>
> 우리 집은 2층 주택으로 1층엔 노모가 살고 2층은 우리 부부가 산다.
> 동네 사람은 우리 집을 콩나물 할머니 집이라 부른다. 88세 된 노모

가 콩나물 장사를 하시기 때문이다. 콩나물 장사를 하신 지는 정확하게 기억할 수 없지만, 최소한 40년은 넘은 것 같다. 해마다 가을이면 울산 근교 농촌으로 콩을 사러 다닌다. 콩이라고 다 콩나물이 되는 것이 아니라, 콩나물 콩은 몇 종류가 되지 않는다. 나는 운전을 하고 어머니는 흥정하고 아내는 계산 등 잡다한 일을 하는 비서 역할을 한다. 1년 놓을 콩을 사기 때문에 양도 엄청 많고, 가는 지역도 여러 곳이다. 〈콩나물 장사를 하시는 어머니 소재로 글을 시작〉

낙엽이 질 무렵이면 차를 몰고 단풍 구경을 하며 콩을 사러 다니는 것은 우리에겐 해마다 맞는 즐거운 행사이다. 콩을 사는 집은 오랫동안 거래를 한 단골이 대부분이기 때문에 우리가 가면 그분들은 아주 반갑게 맞이해 주신다. 그리고 일 년 동안 하지 못한 이야기를 하기도 한다. 만나는 분들이 모두 노인들이라 돌아가시는 분들이 계시기도 하는데, 그러면 함께 안타까워하기도 한다.

작년에는 언양 상북에 계시는 노부부 중에 할아버지가 돌아가셨다. 그 집에 콩을 사러 갔는데 할아버지가 사용하던 모든 농기구가 그대로 다 남아있었다. 그런데 할아버지만 돌아가시고 없었다. 어머니는 남편인 나의 아버지를 잃은 지 오래되었고, 혼자 사는 아픔을 누구보다 잘 알았기에 남은 할머니를 위로하였다.

"휴, 이 넓은 집에 여자 혼자 우찌 사노, 그래도 살아야 안 되겠나."

또, 봉계에 갔을 때는 노부부 중 할머니가 치매에 걸려 병원에 입원하였다. 할아버지도 허리를 다쳐 거동하기가 힘이 들었고, 올해가 마지막 콩 농사였다. 이렇듯 콩을 사는 일은 어머니 인생의 중요한 일부이기도 하다. 또한, 시골은 할머니만 계시는 곳이 많다. 우리가 가면 기다렸다는 듯이 자식 자랑을 한다. 해마다 듣는 이야기라 그 집의 사정을 웬만큼 알게 되기도 한다.

시골 인심은 넉넉하다. 콩을 사면 가는 곳마다 덤을 주지 않는 곳이 없다. 손수 지은 농산물을 주는 것이다. 덤으로 받는 호박이며, 찹쌀, 무, 배추, 된장, 고추장 등을 얻는 재미도 쏠쏠하다. 콩 사는 것이 끝나면 그와 함께 가을이 가고 겨울이 온다. 〈콩나물과 시골 인심, 그리고 어머니와의 추억을 스토리로〉

계절마다 차이는 있지만 콩을 놓아 다 자라기까지는 5, 6일정도가 걸린다. 콩나물을 키우는 것은 그리 어려운 기술을 필요로 하지 않는다. 콩나물은 물만 주면 알아서 쑥쑥 큰다. 하루가 다르게 크는 모습을 보는 것만도 재미가 있다. 콩나물이 아니고서야 어디서 이렇게 빨리 커가는 모습을 볼 수 있으랴. 콩나물을 놓기 위한 첫 공정은 콩나물을 갈리는 것이다. 먼저 하루 정도 물에 불렸다가 콩나물이 되지 않을 것 같은 벌레 먹은 콩이나 '물콩'을 골라낸다.

이 공정이 어머니를 치매도 이기게 한 공정이다. 십 수 년 전에 급성 치매 판정을 병원에서 받았지만, 그때보다 어머니의 정신은 더 맑은 것 같다. 콩을 하나씩 갈리려면 눈과 손가락을 이용해야 하는데, 그것이 치매에 도움이 된 것이라 막연하게 추측한다.

콩을 갈리고 나서 콩나물시루에 콩을 담고 그때부터는 물만 주면 된다. 물은 보통 3~4시간 간격으로 주면 된다. 그렇게 해서 5일 정도 키우면 콩나물이 된다. 어머니는 콩나물을 자식 대하듯 한다.

"너그야 다 커서 내 도움 없이도 살 수 있지만, 내가 없으면 야들은 우예 클 거고."

어머니가 아플 때 병원에 입원을 권유하면, 이렇게 말씀하시며, 입원을 거부하곤 하는 바람에 우리가 곤욕을 치르기도 한다. 그만큼 어머니에게는 콩나물이 중요한 존재이다. 〈콩나물 키우는 공정과 어머니의 치매〉

이렇게 키운 콩나물을 근처에 있는 울산 구, 역전시장에 내다 파신다. 아침 5시 30분이면 나는 어김없이 자리에서 일어나 1층으로 내려간다. 그리고 어머니와 콩나물을 싣고 시장으로 향한다. 시장에는 어머니의 좌판이 있다. 울산 중구에서 인정을 받은 자리이며, 해마다 세금을 낸다. 그 자리는 어머니의 희로애락이 고스란히 담겨있는

지구에 산 기념으로 책 한 권은 남기자

자리이다. 그곳에서 장사하시며 주변 아주머니들과 사는 이야기를 한다. 그 아주머니들은 우리 가정에 대해 자세하게 알고 있다. 또한, 어머니도 그 아주머니들의 가정사도 훤히 알고 계신다. 이렇게 주변 사람들과 이야기를 하며 어머니는 스트레스를 풀기도 하고 살아가는 의미도 발견하게 되는 거다. 고령화 시대를 맞이해 많은 노인이 외롭게 살아간다. 하지만 어머니는 그런 분들보다 훨씬 알찬 노년을 보내고 계신다. 자식과 함께 살며, 직업도 있고, 돈도 있고, 건강도 있기 때문이다.

어머니는 하루에 콩나물을 한 독 씩 파는데, 명절 전에는 하루에 세 독씩 팔기도 한다. 어머니의 콩나물은 국산 콩을 사용하는 데다, 다른 첨가물은 하나도 섞지 않기 때문에 콩나물 고유의 맛을 즐길 수가 있다. 식당에 가서 반찬으로 나오는 콩나물과는 맛이 확실히 다르다. 식감 자체가 다르기에 식당에서 반찬으로 나오는 콩나물은 내 입맛에는 맞지 않는다. 그만큼 어머니 콩나물은 맛이 좋다. 그래서 명절 전에는 그 맛을 아는 사람들이 콩나물을 사기 위해서 길게 줄을 서기도 한다. 〈콩나물을 파는 어머니의 모습과 의미부여〉

어머니는 그렇게 돈을 벌기에 자식에게 손을 벌리지 않음은 물론이다. 대단한 정신력의 소유자 임두남 여사, 우리에게는 축복인 어머니, 오래오래 건강하게 사시기를 간절히 바란다. 〈자식으로서의 바람〉

퇴고! 글에서 빛이 날 때까지
갈고 닦아야 한다

퇴고는 다이어트다. 한 마디로 지방과 같은 군더더기를 빼고 건강한 근육을 만드는 과정이다. 한 마디로 글에는 군더더기가 없어야 한다는 말이다. 몸매뿐만 아니라 얼굴도 마찬가지다. 요즈음은 성형수술이 대중화되어 있다. 예뻐지고 싶은, 많은 여자뿐만 아니라 남자도 성형병원을 찾고 있다. 예전에는 성형수술 하는 것을 좋지 않게 보는 경향이 있었지만, 요즈음은 인식이 많이 바뀌었다. 왜냐면 예쁜 것, 날씬한 것이 경쟁력이 되기 때문이다. 퇴고는 건강하고 예쁘고 날씬한 몸을 만드는 것과 같다.

또한, 자신의 작품이 배에 살집이 붙은 아저씨처럼 군더더기의 못난 작품이 되고 싶지 않다면, 보고 또 보아야 한다. 뚱뚱한 사람에 대한 요

254

지구에 산 기념으로 책 한 권은 남기자

즈음의 인식은 자신을 관리하지 못하는 사람으로 인식한다. 그런 대접을 받지 않으려면 할 수 있는 한 최대한 많이 퇴고해야 한다. 어쩌면 퇴고하는 과정이 초고를 쓰는 과정보다 더 힘이 들 수도 있다. 초보는 물론이고 글을 어느 정도 쓴 프로 작가에게도 퇴고가 고역인 것은 마찬가지이다. 퇴고는 글을 갈고 닦는 과정이다. 글에서 빛이 날 때까지 갈고 닦아야 한다.

초고를 완성한 후에는 오타 찾기, 문맥이 이상한 곳이 없는지, 표현이 부적절한 것이 없는지 등 전체적으로 다시 검토해야 한다. 즉, 다시 쓴다는 마음을 갖고 글자 하나 문장 하나를 자세하게 살펴야 한다. 그리고 맞춤법 프로그램을 활용하여 오타나 띄어쓰기 등을 점검하는 과정도 거쳐야 한다. 글을 쓰면서 수도 없이 읽은 내용을 다시 읽기란 쉽지가 않은 작업이다. 하지만 책을 내기 위해서는 누구도 피해갈 수 없는 길이다. 자신이 쓴 원고를 투고하기 전에 주위의 사람에게 읽게 하는 것도 하나의 방법이 될 수 있다. 부끄러워하지 말고 도움을 요청하는 것이 좋다. 할 수 있는 한 어떤 방식으로라도 퇴고를 많이 해야 한다.

"안전의 중요성은 아무리 강조해도 지나치지 않습니다."

라는 말이 있다. 퇴고도 마찬가지이다. 퇴고의 중요성은 아무리 강조

해도 지나치지 않다. 글의 완성도를 높이는 데는 퇴고만 한 것이 없다.

경험과 사고가 글을 쓸 거리를 만들어 준다면 퇴고는 글의 힘을 길러준다. 퇴고는 힘이 드는 만큼 글쓰기 능력이 향상되는 과정이다. 자신의 글을 다시 읽는다는 것은 부족한 부분을 찾는 것이고 그것을 고치는 과정이 부족한 부분을 보완하는 과정이다. 글을 쓰는 것은 조각하는 과정이다. 초고는 조각상의 윤곽만 완성한 단계이다. 조각상을 완성하려면 세부 작업이 들어가야 한다. 그래야 조각이 완성된다. 즉, 퇴고하지 않은 글은 완성도가 높지 않으며, 출판사에서 채택해줄 가능성이 그만큼 낮다는 것을 의미한다.

필자는 출판사에서 알아서 해주겠지 하고 퇴고를 대충하여 원고를 넘긴 적이 있다. 그런데 책이 출간되어 나오고 난 후 독자로부터 여러 번 불평을 들어야 했다. 오타가 너무 많다는 지적이었다. 어떤 독자는 오타를 찾아 카톡으로 보내주기도 했다. 그것을 보며 얼굴이 뜨거워져 들 수가 없을 정도였다. 이런 일을 겪고 나서 출판사는 절대로 알아서 해주지 않는다는 사실을 절감해야 했다. 후회했지만 버스는 이미 지난 후였다. 요즈음처럼 불경기에 더군다나 인건비가 엄청나게 높아진 상황에서 출판사는 교정, 교열에 대해 인원을 투입할 만큼의 여유가 없다는 것은 나중에 들어서 알게 되었다. 그렇기 때문에 퇴고는 온전히 필자의 몫이다. 작품은 필자의 자식에 비교된다. 자신의 자식이 못난 것을 방치하는 것은 부모로서 자격이 부족함을 의미한다.

최소한 3번은 퇴고 과정을 거치자. 원본을 복사하여 파일 이름 뒤에 1을 붙여서 첫 번째 퇴고임을 명시하자. 원본은 그냥 두고 복사한 파일을 열어 교정, 교열을 하자. 1차 퇴고가 끝이 나면 그것을 복사하여 파일 이름 뒤에 2를 붙이고 난 뒤 퇴고를 하고, 마지막을 한 번 더 복사하여 이름을 3으로 하고 퇴고를 하자.

"작전에 실패한 군인은 용서받을 수 있지만, 경비에 실패한 군인은 용서받을 수 없다."

맥아더 장군이 한 이야기이다. 전쟁 시에 작전에 실패하는 것은 상대 방의 화력이 막강하다든지 하는 외부 요인에 의해 결정될 때가 많다. 하지만 경비를 서는 것은 내부적으로 할 수 있는 일이다. 어쩔 수 없는 상황에서 실패한 것은 용서가 되지만, 소홀히 하여 실패한 것은 용서가 되지 않는다는 말이다. 마찬가지로 책이 출간되어 베스트셀러가 되지 않은 것은 외부적인 요인이라 할 수 있지만, 오타, 맞춤법에 문제가 있는 것은 작가로서 책임을 다하지 않은 것이 된다. 책을 낸다는 것은 프로가 됨을 의미한다. 프로는 작은 것이라도 소홀히 하면 안 된다.

CHAPTER 06

책이 출간되는
과정과 출간 후

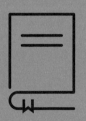

내가 쓴 글,
출간될까?

책을 다 쓰고 퇴고까지 마쳤다면 이제 출판할 방법을 찾아야 한다. 먼저 출판의 경우에는 종이 출판과 전자 출판이 있다. 별도의 설명이 없어도 이것은 이해가 가능하리라. 다음으로 출판의 방법은 기획 출판, 자비 출판으로 나눌 수 있다.

1. 기획출판

기획출판은 출판사가 기획하고 저자를 섭외하여 출판을 제안하기도 하고, 전문 작가나 초보 작가라도 시장성이 높은 원고를 출판사에 보내주면 출판사에서 심사하여 출판하는 것을 말한다. 이때 출판에 드는 비용은 출판사가 부담한다.

그다음, 출판사와 저자 사이 출판 계약을 하는데, 저자가 갑이 되고 출판사는 을이 되어 인세 비율과 지급 시기 등을 정한다. 그리고 출판사에서 책의 판매를 위한 기획, 홍보 등을 해 준다. 일단 저자가 투고하여 출판계약이 성립되는 과정을 살펴보면 다음과 같다. 저자의 기획안과 원고 일부 내지는 전부를 출판사에 투고한다. 출판사에서 심사 심사 기간 투고 시부터 약 1개월 사이를 하여 선정이 되면, 저자에게 회신해준다. 그러면 계약이 이루어진다. 출판사에 투고하는 방법은 필자의 경우 서점과 도서관을 돌며 출판사의 판권지에 있는 이메일 주소를 조사하였고, 그 메일에 필자의 출간 기획서와 원고를 발송하였다. 출간 기획서는 앞에 작성한 것을 참고하기 바란다.

초보자의 경우 원고를 완성하고 나면 '과연 내 원고를 출판해줄 출판사를 찾을 수 있을까'하는 우려를 하게 된다. 이 우려에 대해 확답할 순 없지만 안 될 가능성보다는 될 가능성이 높다는 말을 하고 싶다. 우리나라에 출판사 수는 정상적으로 운영되는 것만 4천 개가 넘는다고 한다. 그 4천 개가 넘는 출판사 마다 관심 있어 하고 선호하는 내용이 다르다. 그렇게 본다면 개인이 적은 글을 출판사에 보냈을 때 출판되지 않는 것이 더 이상하지 않을까? 4천 개의 출판사에 다 메일을 보낼 수는 없지만, 할 수 있는 데까지 투고를 하다 보면 연락이 온다. 그러면 계약을 하면 된다. 출판사는 책을 내는 곳이다. 그런데 자신의 출판사의 취향에 맞는 원고를 마다할 이유가 없다. 투고하는 작업은 글쓰기만큼 그렇게 어려운 작업은 아니다. 하지만 되지 않을 수도 있음을 염두 해야 한다.

필자의 첫 책 〈글쓰는 시간〉의 경험을 말해보고자 한다. 한 번도 투고하지 않은 작가라면 도움이 되리라. 필자는 원고를 완성한 후 60여 개의 출판사에 메일을 보냈고, 그중에 하나와 출판계약을 했다. 만약 계약되지 않았다면, 더 많은 출판사에 원고를 보냈으리라. 하나의 출판사에서 필자의 원고를 출간하자는 제의를 하였고, 계약했다.

처음에는 잘 몰랐지만, 나중에 알아보니 출판사마다 제시하는 계약조건은 아주 다양했다. 첫 쇄는 보통 1000부~3000부를 찍는다. 어떤 출판사는 인세를 미리 주는 경우도 있지만, 요즈음 같은 불경기에는 인세를 미리 주지 않는 출판사도 많다. 1쇄의 경우 인세가 없는 출판사도 있다. 보통 인세는 6~10% 정도를 주는데 출판사마다 다양하다. 그리고 작가에게 주는 책의 가격도 천차만별이다. 작가 할인이 되는 출판사도 있는 반면에 없는 출판사도 있다. 작가 할인은 정가의 60~90% 정도가 일반적이다.

계약하고 나면 출간을 초조하게 기다린다. 계약 후 출간되기까지의 시간은 다양하게 걸린다. 필자의 저서 〈사랑은 가슴에 꽃으로 못 치는 일〉의 경우에는 계약부터 출간까지 2개월이 조금 더 걸렸다. 하지만 〈글

쓰는 시간〉은 9개월이나 지난 후에 출간이 되었고, 〈가족이 성공이다〉는 계약한 지가 1년이 다 되어 가는데도 아직 출간되지 않고 있다. 출판사의 사정이 각자 다르기 때문에 출간되는 시기도 천차만별이다. 계약할 때 출판 시기도 정할 수 있으면 미리 정하는 것이 좋다.

출판사가 출간에 착수하면 홍보할 수 있는 글이나, 앞장이나 뒷장에 들어갈 글을 써 달라고 요청해온다. 출판사에 따라서는 책 내용 중에 좋은 글을 골라주기를 요청하기도 한다. 이런 것들은 온라인 판매를 위한 책 소개 문구로 사용된다. 그 다음에 작가에게 표지를 여러 장 보내어 선택하게 한다. 그 표지를 선택하여 보내면, 그 다음으로 편집한 내지가 메일로 온다. 그 내지를 철저하게 검토해야 한다. 다시 한번 퇴고를 한다는 생각으로 보아야 한다. 필자의 경우 여러 번 메일로 주고받으며 검토를 했다. 그런 과정이 끝나면 작가가 승낙을 해준다. 승낙을 받은 출판사는 인쇄에 들어가고 약 2주 정도 경과 후에 책이 출간된다.

2. 자비 출판

자비출판은 말 그대로 자비로 출판함을 의미한다. 필자는 기획 출간으로 책을 내기 전에는 자비 출판에 대해 부정적인 시각을 가지고 있었다. 하지만 자비출판도 나름대로 의미를 지닌다. 기획 출판이 되지 않은 책을 자비출판 하는 경우도 많지만, 때에 따라서는 자비 출판이 더 좋은 경우도 있다. 어떤 단체에서 기념 책을 발간하는 경우라든지, 자서전 출간이라든지 많은 부수를 필요로 하지 않는 경우에 유용하다. 또한, 계약에 따라 인세를 많이 받을 수 있는 이점도 있다. 하지만 계약금을 입금하고 나면 태도가 돌변하는 출판사도 있기 때문에 알아볼 수 있는 한 알아보고 나서 계약을 하여야 한다.

자비 출판은 책 부수와 책 페이지 수, 컬러 인쇄 등에 따라 금액에 차이가 있다. 필요에 따라 계약을 하면 된다. 기획 출판의 경우 온, 오프라인을 통해 영업을 해주지만 자비출판의 경우 홍보까지 해야 하는 경우가 많다. 또한, 기획 출판의 경우에는 출판사의 의도에 따라 원고가 바뀌기도 하지만 자비 출판의 경우에는 자신만의 콘텐츠로 출간할 수 있다는 이점도 있다.

출판사에 따라서는 기획출판과 자비출판을 혼용하는 곳도 있다. 총 출간 비용이 500만 원이 든다면 얼마간의 비용을 저자가 부담하도록 하는 출판 방법이다. 이 경우 인세의 비율도 계약에 따라 달라질 수 있다.

책은 내는 자체로 의미를 지닌다. 왜냐하면 책을 출간하기 전과 후는 많은 차이가 있음을 알았기 때문이다. 첫 출간은 인생의 한 부분을 정리하는 의미도 지닌다. 책을 낸 후 필자는 새로운 마음으로 세상을 출발하는 기분이 들었다. 자비 출판은 하지 않았지만, 책을 출간하는 의미는 기획출간이나 크게 다르지 않을 거란 생각이다. 어렵게 쓴 책, 어떤 형태로 든 출간하는 것이 하지 않음보다 더 가치가 있다.

무조건 자비 출판을 부정적으로 인식한 필자의 판단은 틀렸음을 고백한다. 일단 썼으면 기획 출판에 도전하자. 출판사마다 문을 두드려보자. 그래도 되지 않으면 자비출판이라도 하자. 그래야 변곡점이 되며, 다시 책을 쓸 힘을 얻게 된다.

출판사에 투고하기

퇴고가 끝이 났다면, 출간 기획서와 원고 일부를 따로 준비한 후 출판사에 이메일로 투고를 하면 된다. 필수적으로 들어가야 할 항목은 다음과 같다.

1) 출간 기획서

2) 책의 목차

3) 원고 일부_{전체 원고의 반 분량} 전체 원고의 반 분량

4) 자세한 작가 프로필

5) 기타 자신을 잘 표현할 수 있는 글_{홍보 전략, SNS 활동 등 출판 후 작가의} 홍보 전략, SNS 활동 등 출판 후 작가의 역량으로 판매에 도움이 될 수 있는 것들을 기재하면 출판사에서 원고 선정 시 참

고가 된다. 보통 투고는 메일로 보내는데 출판사의 메일을 수집하는 과정을 거쳐야 한다. 제일 좋은 방법은 근처에 대형 서점이 있다면 찾아가서 자신이 쓴 글과 비슷한 내용의 책을 찾자. 책의 앞면이나 뒷면에는 판권지가 있다. 그 판권지에는 출판사명과 저자명, 출판사 주소, 출판사 e-mail 주소가 적혀있다. 그 주소를 메모하든지, 휴대폰 카메라로 찍든지 하여 수집을 하자. 그런 후 집에 와서 메일 목록을 만들자. 메일 주소 수집은 평상시 서점에 갈 때마다 조사하여 두면 원고 완료 후 출간 의뢰를 할 때 용이하다.

서점뿐만 아니라 도서관을 찾아가서 조사하여도 되고, 집 책꽂이에 있는 책에서 조사하여도 된다. 또한 인터넷으로 조사하는 방법은 한국 출판인 회의www.kopus.org, 대한 출판문화 회의www.kpa21.or.kr, 출판 유통 진흥원www.booktrade.or.kr 에 들어가면 출판사에 대한 설명과 함께 이 메일 주소를 볼 수 있다. 메일 list는 많으면 많을수록 좋다. 필자가 현재 가진 메일 list는 600개가 넘는다. 그 말은 출판사 600군데에 원고를 보낼 수 있음을 의미한다. 틈이 날 때마다 메일 주소 list를 조사하고 가능하면 엑셀 파일로 정리해 두면 좋다. 메일을 보낼 때 100개 정도의 주소로 한 번에 보내는 방식이 있다. 필자의 경우 다음 메일로 들어가서 엑셀 파일에 저장된 주소를 주소란에 복사하여 붙여넣기를 하고, 메일 창 하단에 있는 '한 명씩 발송'에 check한 후 보내면 한 번에 많은 주소로 메일을 발송할 수 있다.

이메일을 작성할 때는 제목 난 에 책 제목과 글의 갈래를 명시하자.
예 : "글쓰는 시간" - 에세이/자기계발서 그리고 내용 난에 책에 대한 소개를 간
략하게 다시 하도록 한다. 다음은 필자가 보낸 이메일 내용이다.

〈투고 개요〉

- 제목 : 쓰는 순간 특별한 삶이 되는 〈글쓰는 시간〉
- 주제 : 성공하지 못했다고 실패한 인생은 아니다.
  행복은 작은 것에 있으며, 소소한 작은 삶들이 곧 큰 가치가 된다.
- 내용 : 돈을 벌기 위해 일을 했으나 성공하지 못했고 숱한 좌절과
  절망 속에서 결국 알코올 중독자가 되었다. 욕심을 내려놓고 작은
  것에서 삶의 가치를 찾기 시작해 알코올중독을 극복하고 지금은
  행복한 삶을 살고 있다.

※ 저는 직장만 스무 군데를 넘게 넘나들며 돈을 벌려고 했으나 결국
  좌절과 절망 속에서 허덕였습니다. 하지만 아무리 힘이 들더라도
  계속하여 글을 씀으로 새로운 희망을 품을 수 있었습니다. 그러한
  좌절의 과정을 극복하는 모습을 솔직하게 보여줌으로써 과거의
  저와 같은 상황에 부닥쳐 있는 독자들에게 용기와 희망을 주고 싶

습니다. 또한, 알코올중독을 극복하고 가족과 함께 행복한 삶을 사는 모습을 보여줌으로써, 알코올중독에 빠진 사람들에게 금주에 대한 계기를 마련해주고 싶습니다. 한 가지 덧붙이자면, 글을 쓰는 것이 살아가는 일에 얼마나 중요한 역할을 하는 것인가를 이야기함으로써, 이 글의 독자에게 글쓰기에 대한 동기부여도 해 주고 싶습니다.

원고지 총 989매 분량입니다만, 검토의 편의를 위해 우선 일부만 보냅니다. 연락을 주신다면, 전체 원고를 즉시 보내겠습니다.

첨부파일 : 1. 〈글쓰는 시간〉 출간 제안서 2. 〈글쓰는 시간〉 원고 일부 "끝"

메일을 발송하고 난 뒤, 보통 1~2주 정도가 지나면 회신이 온다. 출판사로부터 채택되지 않았다는 메일이 오기도 하는데, 낙담할 필요는 없다. 어떤 경우에는 발송한 당일 연락이 오기도 하고 1개월이 넘어 연락이 오기도 한다.

전화가 오면 만나서 계약을 하든지 우편물로 계약을 하든지 하면 된다. 계약 시 출판사와 인세나, 저자가 책을 구매할 시에 할인이 되는 비율 등을 협의한다. 이때 가능하면 출간 일정을 함께 협의하는 것이 좋다. 협의하지 않으면 무작정 기다리는 수밖에 없다. 무작정 출간을 기다리

다 보면 조급함이 생기기도 하고 지치기도 한다. 그때는 전화나 메일로
진행 상황을 확인하면 된다.

책이 출간된 후

| "아버지 뭐하시는 분이고?"

라고 물으면 아들은 작가라고 대답하기를 주저했다고 한다.
하지만 이제 아빠가 책을 내었으니 자신 있게 말하리라.

"우리 아부지 작갑더." 작가입니다. 사투리

자신의 책을 가졌다는 기쁨도 컸지만, 무엇보다 가족으로부터 인정
을 받는 것이 좋았다. 또한, 우리나라를 대표하는 교보문고, 영풍문고의
전국 책 판매대에 진열이 되는 것은 꿈에만 그리던 일이었다. 그뿐이 아

니라 온라인에서도 필자의 책이 판매되었다. 예스24, 인터넷 교보문고, 영풍문고를 비롯한 거의 모든 인터넷 서점에서 필자의 이름을 검색하면 책을 볼 수 있었다. 그럴 때 정말 작가가 되었구나 하는 생각이 들었다.

책은 출간되는 것이 끝이 아님을 책을 내고나서야 알게 되었다. 글을 쓸 때는 작가지만 책이 출간되고 난 후에는 영업사원이 되어야 했다. 출판사에서는 필자의 책을 발간하기 위해 많은 돈을 투자했다. 최소한 필자를 믿고 출간해준 출판사에 손해를 끼쳐서는 안 된다는 생각이 들었다. 그래서 지인들에게 책을 사도록 홍보했다.

그런데 생각보다 사람들은 책을 사지 않았다. 이제껏 책을 공짜로 받는 것에 익숙한 나머지 책을 돈 주고 살 생각을 하지 않았다. 아예 노골적으로

"책 나왔으면, 나에게 한 권 줘야지."

라고 말하는 사람들도 있었다. 작가가 혼신의 노력을 기울여 쓴 책을 공짜로 달라는 것은 정말 예의가 아니라는 생각을 했다. 자비 출판을 하는 사람은 자신의 돈이 들어가는 대신에 책을 받는다. 하지만 기획 출판을 하면 자신의 돈이 들어가지 않는 대신에 필요한 책을 돈을 주고 출판사로부터 구매를 해야 한다. 인세를 받기는 하지만 처음으로 낸 책이 베스트셀러가 되기는 쉽지가 않기에 인세가 그리 큰돈이 되지 않는다. 물

론 2쇄, 3쇄 등 계속해서 책을 찍으면 말이 달라지겠지만, 2쇄 찍기도 쉽지 않다는 것을 책을 내고서야 알았다.

하루에도 수백 권의 책이 출간되는 현실에서, 이름도 없는 무명작가의 책을 사서 읽어주는 독자는 그리 많지가 않음을 알게 되었다. 출판사에서도 책이 얼마나 팔리는지는 집계를 해야 알 수가 있기에 필자가 알 방법은 예스24나 교보문고, 영풍문고, 인터파크를 통해서였다. 예스24시, 인터파크, 반디앤루니스에는 판매 경향이 수치로 표시가 되고, 교보문고, 영풍문고는 전국 매장에 있는 재고를 인터넷을 통해 확인할 수가 있다.

하여튼 영업사원이 되어 페이스북이나 밴드, 카카오톡 등 평소에 활동하던 SNS에 책을 홍보했다. 또한, 아는 지인에게 울산 소재 신문에 내어 달라고 부탁하여 신문에 나기도 했다. 그리고 교회 주보에도 실어 책을 홍보했다. 아내도 지인들에게 책을 적극적으로 홍보해 주었다. 할 수 있는 모든 노력을 기울여 책을 홍보했다. 책을 내었다는 소식을 들은 지인 중에는 책을 공짜로 주기를 바라는 사람도 있었지만 많은 사람이 책을 사주기도 했다. 하지만 지인을 통해 판매하는 것은 한계가 있다. 결국은 필자를 모르는 사람이 얼마나 구매를 해주느냐가 베스트셀러가 되는 것을 결정하는 것임을 알게 되었다.

지구에 산 기념으로 책 한 권은 남기자

처음 출간한
책에 대한 반응

    책을 읽은 후 다양한 반응에 접하게 되었다. 먼저 필자의 책을 읽고 울컥하여 눈물이 났다고 하는 사람도 있었고, 필자는 대수롭게 생각하지 않고 적었던 내용을 좋다고 감격하는 사람도 있었다. 어떤 사람은 글을 한 번에 읽어버리기가 아까워 조금씩 읽는다는 사람도 있었다. 대체로 필자의 책에 대해 비판 조로 시비를 거는 사람이 없었고, 그것은 큰 다행이었다. 책을 낼 때 어느 정도의 비판은 있을 거라는 생각을 하며 마음을 다잡고 있었던 터였다. 하지만 의외의 곳에서 비판을 접하게 되었다. 그것은 아내였다.

"왜 술 마시는 이야기만 적었어요."

라는 말이다. 필자의 첫 책 〈글쓰는 시간〉은 자전적인 에세이였기에 술과 관련된 내용이 많다. 아내는 필자의 삶이 술로 얼룩진 것에 대해 얼마간의 자존심이 상하는 기분이 들었다. 물론 당연히 그럴 수 있다. 글을 쓸 때 필자는 알코올 중독에 빠지는 절망적인 상황을 묘사했고 그것을 극복한 것을 글로 적었다. 극복하지 못했다면 그런 글들을 쓸 수가 없었지만, 극복했기에 그것은 옛날 일이 되는 것으로 생각했다. 하지만 아내는 달랐다. 남편의 알코올 중독은 다른 사람에게는 감추고 싶은 일이었다. 지인 중에는

"그렇게 힘든 삶을 살았는지 몰랐어요."

라는 말을 한 사람도 있었다. 부끄럽지 않았다. 왜냐하면 그런 힘든 상황을 극복했고 그것을 글로 썼기 때문이다. 또 다른 반응은 필자의 글을 읽고 술을 끊겠다고 이야기하는 사람도 있었다는 사실이다. 알코올 중독의 해악은 겪어본 사람만이 안다. 그런데 과거의 필자와 같은 삶을 살고 있는 사람이 아직도 많이 있다. 그들이 필자의 글을 읽고 알코올 중독을 끝내겠다고 말을 하였다. 이것은 정말 대단한 일이다. 필자의 글이 다른 사람에게 영향을 준 것을 의미했다. 한 사람만이라도 필자의 글을 읽고 알코올 중독에서 벗어나 새로운 삶을 살게 된다면, 책을 낸 것이 사회에 기여하는 의미가 된다.

276

하지만 오타를 지적할 때면 낯이 뜨겁기도 했다. 좋지 않게 말하는 사람이 없어 다행이라는 생각도 들지만, 한편으로는 필자가 모르는 부족한 부분이 많을 텐데, 그것을 들을 수 있다면 다음에 책을 낼 때 더 좋은 책을 낼 수 있을 텐데 하는 아쉬운 생각을 하기도 했다.

책을 읽고 난 뒤에 나쁜 반응이 나올 거라는 것에 대해 걱정할 필요가 없음을 느꼈다. 대다수의 독자는 좋은 말을 해주었으며, 격려를 해주었다.

처음 책 출간 후기
(책을 출간하고 바로 쓴 글)

처음 책을 낸다는 것은 삶의 여정의 분기점을 맞는 것을 의미하는 것 같다. 다시 말하면, 그 이전까지의 삶을 완결하는 의미를 지닌다. 책을 내기 전과 책을 낸 후의 삶은 많은 부분에서 다르다. 흘러온 세월을 정리하고, 새로운 삶을 살아가는 분기점이 된다는 말이다. 결코 쉽다고만 할 수 없는 삶의 여정을 걸어왔다. 물론 이 시대를 사는 많은 남자가 힘든 여정을 걸어왔을 것이고, 필자보다 더 힘든 사람도 많았으리라.

필자의 힘듦은 가족의 힘듦으로 확대되었다. 가족 구성원 한 사람의 아픔은 그 사람으로 끝나는 것이 아니고 가족 전체의 아픔이 된다. 즐거움 또한 마찬가지이다. 한 사람의 좋은 일은 가족 모두의 좋은 일이 된

지구에 산 기념으로 책 한 권은 남기자

다. 어쩌면 가족은 감정 공동체라는 말이 어울리는 것 같다.

개인적으로도 많은 의미가 있지만, 가족에게도 많은 의미를 지니는 것 같다. 그중에서도 아내가 제일 좋아한다. 이제껏 글쟁이라 말하는 남편이 글쟁이로서 지녀야 할 결과물, 책이 없는 것에 대해 글쟁이인지 아닌지 그저 막연해 했다. 글은 열심히 쓰는 것 같은데, 책이 없으니 어디 가서 남편이 작가라는 말도 못 했다. 하지만 책이 나옴으로써 아내가 생각하는 남편은 진짜 글쟁이로서 구체화하였다.

서울에 있는 큰아들도 좋아했다. 책이 나왔다는 소식을 접하고 바로 인터넷으로 구매를 했다고 한다. 그런데 둘째의 반응은 의외였다. 둘째는 성장 과정에서 많은 아픔을 겪은 아들이다. 그런 아들이 책을 읽음으로 필자의 삶의 여정에 안타까움을 느끼고, 전보다 많이 이해하게 되었다. 이 책이 그것 하나만으로도 충분히 그 역할을 했다고 의미를 부여한다.

"아빠, 정말 힘들게 사셨네요. 마음이 아파 더 읽을 수가 없어요."

글쟁이에게 이보다 더 큰 축복의 말이 있을 수 있겠는가? 아픈 사람만이 그 아픔의 깊이를 헤아릴 수 있다.

"그래도 아빠는 지금 행복하게 살아간다. 힘든 것을 극복하고 나니 어려웠던 일은 과거의 일이 되었다. 끝까지 읽어 봐라. 너도 봐서 알겠지만 요즈음 아빠는 얼마나 행복하게 살아가고 있니? 너도 힘든 것 다 안다. 하지만 힘든 것이 끝이 아니라는 걸 아빠의 글을 통해 알 수 있었으면 좋겠다. 힘든 것은 지나고 나면 추억으로 남는 거다. 그리고 고맙다."

둘째에게 이런 말을 하며 가슴이 울컥해짐을 느꼈다. 그리고 책 쓰기를 진짜 잘했다는 생각을 했다.

아들에게 카톡이 왔다. 서울에 있는 반디앤루니스라는 곳에 갔는데, 신간 코너에 〈글쓰는 시간〉이 꽂혀 있다고 사진을 찍어 보냈다. 그리고 책을 베스트셀러 코너에 옮겨놓고 또 사진을 찍어 보내주었다. 서울 서점에서 아빠가 낸 책을 보고 얼마나 반가웠을까? 얼굴에 웃음꽃이 활짝 피었다. 새로 낸 이름 없는 작가의 책이 베스트셀러가 될 확률이 얼마나 될까? 베스트셀러는 고사하고 2쇄를 찍을 수나 있을까? 하지만 아무래도 좋다. 아들과 아내가 기뻐하는 모습만으로도 필자는 충분히 책을 낸 보람을 느낀다.

책을 내고 나서 느낀 점은 실명을 함부로 적으면 안 되겠다는 것과 다른 사람의 이야기를 적을 때는 신중에 신중을 기해야 한다는 것이다. 괜한 오해를 살 수도 있고, 상처를 줄 수도 있겠다는 생각이 들었다.

또한, 전에 가던 독서 모임에서 필자의 책을 선정해 읽을 거라 한다.

지구에 산 기념으로 책 한 권은 남기자

감사한 일이다. 부끄러운 일이 많이 포함된 책이지만, 책을 냄으로써 작가가 되었고 작가로서 어떤 것도 책임을 질 각오가 되어있다.

마치는 글
작가로 살아가기

　　　책을 낸 후, 필자는 작가로서 살아간다. 책을 낸 후 별도의 다른 일을 하지 않고 책만 쓰며 살고 있다. 남들이 말하는 전업 작가이다. 처음 책을 쓸 때, 이 책을 쓰고 나면 다른 책을 쓸 수 있을까에 대해 의문이 생겼다. 왜냐하면 100페이지의 분량을 쓰는데 머리를 짜내었기 때문이다. 그렇게 글을 쓰기가 어려웠는데 또 다른 글을 적을 수 있을까를 생각했다. 하지만 첫 책을 내고 나니 금방 다른 책이 쓰고 싶어졌다. 그래서 두 번째 책을 적었고, 세 번째 책을 적었다. 글은 쓰면 쓸수록 쓸거리가 더 많아졌다. 여섯 번째 책을 쓰고 난 뒤에는 두 권을 동시에 쓰기 시작했고, 그러다 책 쓰기 책이 또 쓰고 싶어져서 반쯤 쓴 두 권은 일단 제쳐 놓고 지금 쓰고 있는

지구에 산 기념으로 책 한 권은 남기자

"지구에서 산 기념으로 책 한 권은 남기자"

라는 책을 쓰기 시작한 것이다.

필자는 올해로 56세가 된다. 필자의 나이가 되면 사회적 지위가 어느 정도 확정이 되는 시기이다. 필자의 고등학교, 대학교 동기 중에서는 사회적으로 성공한 친구들도 있다. 국회의원도 있으며, 사업에 성공하여 회사를 이끌어 가는 사장도 있고, 은행가, 선생님도 있다. 그런데 책을 내기 전 필자는 그들이 한 수 아래로 보는 한심한 사람이었다. 회사에 다니다 퇴직을 한 후 시작한 사업이 실패하여, 알코올 중독에 빠지고 막노동까지 하면서 힘들게 살았기에 그들은 말은 안 해도 인생에서 실패자로 인식을 하였다.

그런데 책을 냄으로써 작가라는 타이틀을 갖게 되자 그들의 인식은 바뀌었다. 그들이 함부로 대할 수 없는 존재가 된 것이다. 필자를 대하는 호칭부터 달라졌다. 그동안은 이름을 불렀지만, 책을 낸 이후로 필자를 윤 작가로 부르기 시작했다. 책의 힘은 이토록 대단했다. 아내도 작가의 아내가 되었고 아들도 작가의 아들이 되었다.

필자는 지금도 하루에 8시간 정도 글을 쓴다. 글에 대해 탄력을 받기 시작하니 글이 무척 잘 써진다. 한 달에 한 권 책 쓰기를 목표로 글을 쓰고 있다. 한 달에 한 권이라니, 다른 사람은 그것이 가능할까 생각하리

라. 하지만 집중해서 글을 써 보니 전혀 불가능한 것이 아니었다. 틈틈이 참고 될 만한 책도 읽으면서 글을 쓴다. 이 책을 쓰기 시작하고 읽은 책이 10권이 넘는다.

"열심히 하는 사람을 이기는 것은 재미있게 하는 사람이다."

필자가 이 책을 쓴 의도는 책을 쓰고자 마음먹은 초보 작가들에게 길을 알려주기 위해서다. 또 하나는 책 쓰기 강의를 하기 위함이다. 책을 낸다는 의미는 개인이나 사회에 큰 의미를 지닌다. 그렇기에 어떤 책이라도 내지 않음보다는 내는 것이 더 좋다. 베스트셀러는 되지 않을지라도 어느 누군가에게는 어둠 속에 빛이 되기 때문이다. 그 한 권의 책이 한 사람을 살릴 수 있다면, 얼마나 가치가 있는 일인가? 그 한 권의 책으로 하여 누군가의 인생이 바뀔 수 있는 계기를 마련할 수 있다면 그것만으로도 책을 낸 보람이 있다.

사람마다 다 살아온 경험이 다르다. 자신의 경험이 다른 사람에겐 간접 경험이 될 수 있기에 출간은 자체로 의미를 지니는 일이다.

필자는 글을 오랫동안 써 왔다. 하지만 출간한 지는 얼마 되지 않았음을 고백한다. 출간을 해보니 책을 쓰고자 하는 예비 작가가 부딪히는 문제가 무엇인지 뼈저리게 느끼게 되었다. 가장 크게 부딪히는 문제가

지구에 산 기념으로 책 한 권은 남기자

쓰고자 하는 내용에 대한 자기 생각을 글로 표현하는 방법에서 어려움을 겪고, 목차를 정하는 것에서, 투고는 어떤 식으로 하는지에 대해 어려움을 겪는다. 출간을 한 지 오래 된 작가라면 그런 어려움에 대해 필자가 느끼는 정도보다 약할 수 있다. 첫 출간의 설렘이 많이 희석되었기 때문이다. 하지만 필자는 책을 낸 지 얼마 되지 않았기 때문에 그런 것들을 자세하게 느꼈고, 그런 감이 지금도 가슴에서 팔딱이고 있다. 책을 많이 내거나 출판사를 운영하는 작가도 책 쓰기에 대해 책을 많이 냈다. 그런 책을 읽음도 도움이 되겠지만, 필자는 출간이라는 푸른 생선을 잡은 지 얼마 되지 않았기에 첫 출간한 마음이 아직도 싱싱하게 살아있다. 그 마음을 알기에 책을 쓰려고 마음먹은 예비 작가에게 필요한 적합한 말을 해줄 수 있다고 생각한다. 그리고 이 책에 그 내용을 적었다.

이 글을 읽는 당신도 책 쓰기에 도전하라. 도전한 사람이라면 낼 수 있다는 믿음을 가지고 뜨겁게 매달려라. 당신은 틀림없이 책을 출간할 수 있으리라. 그리고 책을 낸 후, 다른 인생을 경험해 보라!

마지막으로 이 책이 나오기까지 수고해 주신 프로방스 출판사 사장님을 비롯한 관계자 여러분과 설 연휴에 쉬지도 못하고 마지막까지 원고를 검토한 아내와, 조카 부부 이창섭 한의학 박사, 최정윤에게도 감사의 말을 전한다.

지구에 산 기념으로 **책 한 권**은 남기자

초판인쇄	2019년 03월 11일
초판발행	2019년 03월 15일

지은이	윤창영
발행인	조현수
펴낸곳	도서출판 프로방스
마케팅	최관호 최문섭
IT 마케팅	신성웅
디자인 디렉터	박마리아

ADD	경기도 고양시 일산동구 백석2동 1301-2
	넥스빌오피스텔 704호

전화	031-925-5366~7
팩스	031-925-5368
이메일	provence70@naver.com
등록번호	제2016-000126호
등록	2016년 06월 23일
ISBN	979-11-88204-94-6　13190

정가 15,000원